Das Wohnfühl-Prinzip

INVICTICON

Printausgabe, erschienen 2022
1. Auflage

ISBN: 978-3-95949-587-5

Eutiner Straße 24,
18109 Rostock

www.main-verlag.de
www.facebook.com/MAIN.Verlag
order@main-verlag.de

Druck: AKT AG, FL-9497 Triesenberg (AgenTisk Huter d.o.o)

Bibliografische Information der Deutschen Nationalbibliothek:
Die Deutsche Nationalbibliothek verzeichnet diese Publikation in der Deutschen Nationalbibliografie; detaillierte bibliografische Daten sind im Internet über http://dnb.d-nb.de abrufbar.

TINE WITTLER

Das Wohnfühl-Prinzip

Wohne wie Du's brauchst
und lebe wie Du willst!

Das Buch

Tine Wittler ist Deutschlands bekannteste Wohnexpertin. Mit diesem Buch teilt sie ihre Prinzipien und Grundsätze. Dabei legt sie keinen weiteren Wohnratgeber nach »Schema F« vor: Ihre Leitlinien lassen sich gleichsam auf das Leben an sich anwenden.

In 18 vielseitigen Kapiteln und mit zusätzlichen Checklisten vermittelt Tine Wittler allen, die klüger wohnen UND entspannter leben wollen, eine unterhaltsame Grundausbildung. Ausgangspunkt sind dabei immer das Individuum und dessen Bedürfnisse: Statt kurzlebiger Trends und austauschbarer Stilschablonen setzt sie auf die Kraft der Selbsterkenntnis. Ihr »Wohnfühl-Prinzip« beinhaltet keine konkreten Anleitungen zum Nachbauen: Es ist Wegweiser für Inspiration und Orientierung in einem Wust von Möglichkeiten.

Mit diesem Buch haben Sie künftig die richtigen Fragen parat, um Fehlentscheidungen zu vermeiden und mit Ihrem (Wohn-)Umfeld dauerhaft glücklich zu werden. Und sind nach der Lektüre nicht nur Ihr eigener Einrichtungsprofi, sondern gewinnen auch wertvolle Anregungen für ein selbstbestimmtes Leben.

Inhalt

Kurzbiografie Tine Wittler

Tine Wittler, geboren 1973, lebt als freie Autorin, Künstlerin und Beraterin im wundersamen Wendland, Niedersachsens wildem Osten. Neben ihrer literarischen Arbeit und ihrem Bühnenschaffen als Schauspielerin, Sängerin und Poetry Slammerin widmet sie sich auch der bildenden Kunst. Die Einrichtungsshow »Einsatz in 4 Wänden« (RTL) machte Tine Wittler ein Jahrzehnt lang einem Millionenpublikum bekannt; heute bevorzugt sie die Intimität persönlicher Begegnungen.

In ihren Beratertätigkeiten konzentriert sich »die Wittlerin« auf das Coaching junger Künstler und ihr Gesprächsangebot »Wittlerins Wegweiser«, für das sie ihre nach Orientierung suchenden Klienten in der inspirierenden Atmosphäre eines 200 Jahre alten Fachwerkhauses auf dem Land empfängt. »DAS WOHNFÜHL-PRINZIP« vereint ihr »Wegweiser«-Konzept mit umfassenden Erfahrungen aus der Tätigkeit als Wohnexpertin. Unter patreon.com/tinewittler finden sich UnterstützerInnen in einer familiären Community zusammen.

»DAS WOHNFÜHL-PRINZIP« ist Tine Wittlers neuntes Buch und nach »Wortarchitekten – ein SLAMbuch« (2021, Hrsg.: Tine Wittler, Wolfram Alster) das zweite Werk, das unter dem Dach des MAIN Verlages erscheint.

Vorwort

Verehrte Leserin, geschätzter Leser, liebe alle,

moin! Wie schön, dass Sie da sind! Ich freue mich. Wir verbringen über die nächsten Seiten einige Zeit miteinander. Also wenn es gut läuft. Haha! Ich stelle mich vor: Mein Name ist Tine Wittler, und ich bin Ihre engagierte Gastgeberin für die folgenden Kapitel.

Manche von Ihnen erinnern sich: Meine Tätigkeit als so genannte »Wohnexpertin« (ein Begriff, der in den Neunzigern noch gar nicht existierte!) hat mich von 2003 bis 2013 zehn Jahre lang in Form einer Fernsehsendung, die sogar mal einen Preis gewonnen hat, millionenfach in deutsche Wohnzimmer katapultiert. Am liebsten dann, wenn parallel auf einem anderen Kanal Fußball lief: »Einsatz in 4 Wänden« war RTLs Geheimwaffe im Kampf um die Fernbedienungen kurz vor Anstoß – weshalb mein Publikum größtenteils weiblich war und einige Herren schon Schnappatmung bekamen, wenn nur mein Name fiel.

Das ist nun schon einige Zeit her, der letzte Drehtag für »Einsatz« liegt zehn Jahre zurück. Der Fernsehpreis steht zwar immer noch in der Deele meines alten Fachwerkhauses, aber er ist doch recht angeschlagen und hat sich statt als Repräsentationsobjekt vornehmlich als Türstopper bewährt. Und es hat sich noch mehr verändert: Ich bin aus der Großstadt Hamburg in das verrückteste kleine Dorf des wundersamen Wendlands gezogen (ca. 50 Einwohner); Donald Trump war Präsident oder sowas Ähnliches; Corona hat uns alle erst eiskalt erwischt und dann nach und nach verändert; und nur wenig später ist der Krieg in unser Bewusstsein zurückgekehrt.

In Krisenzeiten tendieren wir alle dazu, uns wieder mehr auf unser Zuhause, auf unseren vermeintlich sicheren Rückzugsort zu konzentrieren. »Cocooning« nennt man dieses Phänomen, das – nach dem 11. September 2001 und der anschließenden Wirtschafts- und Bankenkrise – die Einrichtungsshow »Einsatz in 4 Wänden« überhaupt zu einem so großen Erfolg machen konnte. Übersetzen könnte man das Wort »Cocooning« vielleicht mit »Einigeln«: Wir betreiben Nestbau mit Kuschelcharakter, verkriechen uns in jenen schützenden Kokon, den wir »Zuhause« nennen, sperren die böse Welt aus und besinnen uns auf die beruhigende Geborgenheit unseres Refugiums.

Seit der Corona-Pandemie macht sich diese Erscheinung erneut auf breiter Basis bemerkbar: Die Umsätze von Baumärkten und Möbelhäusern haben unter der virusbedingten Krise wenig bis gar nicht gelitten oder sogar zugelegt. Es wird wieder unter Volldampf gewerkelt und gestaltet: Statt in den Urlaub oder in kostspielige Aktivitäten außerhalb der heimatlichen Trutzburg investieren wir vermehrt in unser Zuhause. Wir erneuern Wandanstriche, ersetzen einzelne Einrichtungsgegenstände oder möbeln ganze Räume auf; in Gärten und auf Balkonen entstehen Freiluftparadiese nach Beachclub-Manier; durch die zunehmende Verbreitung von »Zuhause-Arbeitsplätzen« richten wir eifrig unser Home-Office ein. Wir leben uns bevorzugt im privaten Umfeld aus, in dem wir kreativ werden oder uns endlich den lang vor uns her geschobenen Baustellen widmen.

Wenn wir das »Cocooning« ausreichend betrieben haben und gern (wieder) Gäste empfangen möchten, nehmen wir erneut Fahrt auf und machen uns an das sogenannte »Homing«. Will heißen: Wir statten die halböffentlichen Bereiche unserer privaten Zuflucht – wie die Küche, den Flur oder das Wohnzimmer – besonders gut aus. Manch Verrückte(r) erreicht im Zuge des heimischen Nachrüstens rund um den sechsflammigen Gasherd gehobenen Gastrostandard; andere können mit der Ausstattung der Hausbar den besten Profikeeper der Stadt beeindrucken; und die nächsten punkten mit einer Heimkinotechnik, gegen die jedes mittelmäßig ausgestattete Vorstadt-Filmtheater alt aussieht.

Das geht manchmal gut – dann freut man sich hinterher, ist richtig schlimm stolz und würde am liebsten Führungen durch die neugestaltete Wohnoase veranstalten, um die verzückten »Oooohs!« und »Aaaaahs!« der geflashten Reisegruppen-Teilnehmer zu hören.

Tja, und manchmal geht es eben nicht gut. Dann steht man hinterher da und denkt: Oje. Hättste mal: Besser überlegt. Genauer hingeguckt. Noch mal nachgemessen. Mehr nachgedacht. Oder hättste mal nicht: Das Erstbeste mit nach Hause genommen. Dich für den Fußbodenbelag entschieden, auf dem jedes Staubkörnchen auffällt wie ein Maulwurfshügel. Oder für die Mosaikfliesen in der Dusche, deren Fugenreinigung Dich schon nach einem halben Jahr mehr Zeit kostet, als Du zuvor für das Putzen des ganzen Bades plus der Küche benötigt hast.

Etwas überspitzt ist das Beispiel der alleinerziehenden Mutter mit Hund, die in der dritten Woche nach der Anschaffung des lang ersehnten weißen Sofas an eben diesem resigniert den Anflug eines Grauschleiers wahrnimmt, derweil die gut sichtbaren Hundehaare von der Sitzfläche pickt sowie zähneknirschend Kissen über die ersten Filzstiftflecken drapiert. Und insgeheim denkt: »Verdammt. Wie konnte mir das passieren?!«

Aber genau so etwas kommt vor! Dann passt das antike Buffet bei Anlieferung nicht durch die Tür; das Bett ist doch einen Tick zu niedrig und verursacht nach dem ersten Gebrauchsmonat beim Aufstehen plötzlich und unerwartet Schmerzen in Rücken oder Knien; oder man stellt (selbstverständlich erst, wenn alles fertig ist) fest, dass man den Kühlschrank in einem Anfall geistiger Umnachtung direkt neben dem Herd platziert hat und sich ob der bevorstehenden Energieverschwendung schon mal von Herzen verfluchen kann. Kommt Ihnen bekannt vor? – Braucht Ihnen nicht unangenehm zu sein!

Auch ich habe bei der Planung meines Außentresens im Garten die Haken für Handtaschen und Jacken vergessen und, noch schlimmer: die Stange für die Füße. Sogar mir passiert so etwas also immer noch bzw. immer mal wieder. Und zwar immer dann, wenn ich nicht genug reflektiert und mich nicht dazu ermahnt habe, nach einer Ruhepause alles noch einmal mit frischem Geist im Detail durchzugehen und auf Vollständigkeit zu überprüfen.

Dieses Buch soll Ihnen dabei helfen, dass Ihnen solche Fehler künftig nicht (mehr) passieren. Es ist kein klassischer Wohnratgeber, der Sie mit Hilfe bunter Bilder beeindruckt und Sie dann lostreiben will, genau diesen Look für Ihr Zuhause umzusetzen. Stattdessen will ich Sie darin schulen, Fehlentscheidungen zu vermeiden: Mit dem »Wohnfühl-Prinzip« möchte ich Sie in die Lage versetzen, mit Ihren Entscheidungen dauerhaft zufrieden zu sein – im Bereich »Wohnen, Bauen & Einrichten« plus, wenn Sie denn mögen, auch weit darüber hinaus. Das Prinzip fußt auf der Vorstellung, dass die ganzheitliche Sicht auf unser Selbst auch für die Gestaltung des individuellen Wohnumfeldes der Schlüssel ist, um im Spannungsfeld von

Ansprüchen, Notwendigkeiten, Wünschen, verfügbaren Ressourcen und Möglichkeiten bestmögliche und nachhaltige Ergebnisse zu erzielen.

Die Entstehung des »Wohnfühl-Prinzips« war ein langfristiger Prozess: Seit der Beendigung meiner praktischen Tätigkeit als Wohnexpertin widme ich mich neben meinen künstlerischen Tätigkeiten dem Dialog mit Menschen, die für ihr Leben nach Orientierung und Inspiration suchen. Hieraus entstand »Wittlerins Wegweiser«, ein Coachingprinzip, in dessen Rahmen meine Klienten vor der Suche nach Antworten unter meiner Anleitung zunächst die für sie entscheidenden Fragen erarbeiten. Das Fundament dieses Prinzips ist ein Katalog von Fragen und Leitlinien für ein selbstbestimmtes Leben, der sich laufend erweiterte, und ich stellte immer wieder fest, dass viele seiner Inhalte sich gleichsam auf den Bereich »Wohnen & Einrichten« übertragen lassen. In diesem Buch bringe ich das »Wegweiser«-Konzept mit den praktischen Erfahrungen aus meiner Zeit als Wohnexpertin zusammen.

Mein Wunsch ist es, dass Sie durch die Lektüre nicht nur Ihr eigener Wohnprofi werden, sondern auch Inspiration für das Leben an sich schöpfen. Unser Dasein ist im Grunde wie ein Haus, in dem wir uns wohlfühlen möchten und welches es so zu gestalten gilt, dass es für uns persönlich genau richtig ist. Die Selbstbestimmung ist in dieser Hinsicht das zentrale Thema, und die wichtigste Basis für diese ist, dass Sie sich selbst, Ihre Bedürfnisse, Ihre Ansprüche, Ihre Wünsche, Ihre Ressourcen und Ihre Prioritäten (er)kennen und formulieren können. Das liest sich zwar erst mal ganz easy, ist aber vertrackter als es klingt!

Nehmen wir zum Beispiel an, Ihre Lieblingshose kneift, am obersten Knopf. Sie kneift so schlimm, dass Sie es nun wirklich nicht mehr ignorieren können und auf Ihrem Stuhl nur noch unruhig hin und her ruckeln, weil Sie in dieser Hose keine vernünftige Position mehr finden, um bequem zu sitzen und mit dem fortzufahren, was Sie eigentlich tun wollen. Es gibt jetzt folgende Möglichkeiten, mit der Situation umzugehen:

1. Sie ignorieren das Kneifen, machen gute Miene zum bösen Spiel und tun so, als wäre nix. Was über kurz oder lang bedeuten wird, dass Ihnen all das, was Sie sitzend gerade tun wollen, nur noch mit sehr viel Mühe oder gar nicht mehr gelingt, weil Sie ständig

damit beschäftigt sind, das Kneifen aushalten zu wollen. Ihre Erfahrung sagt Ihnen, dass der Knopf irgendwann nachgeben wird, und Sie denken, dass Sie dann immer noch Action ergreifen können. Sie ignorieren also das Problem und sitzen es im wahrsten Sinne des Wortes aus.

2. Sie stehen auf. Es kneift weniger, und das, was Sie im Sitzen vorhatten, müssen Sie jetzt eben stehend erledigen. Sie passen Ihre Handlung an die Situation an.

3. Sie beschließen, Ihren Körperumfang zu reduzieren, damit das Kneifen aufhört. Sie ändern also sich selbst und nicht die Hose.

4. Sie gehen zum Schneider und bitten ihn, die Hose weiter zu machen oder den Knopf zu versetzen. So passen Sie die Hose an Ihre Situation an.

5. Sie ziehen die kneifende Lieblingshose aus und stattdessen schnell eine andere Hose aus Ihrem Fundus an. In diesem Fall entscheiden Sie sich dafür, Ihre aktuelle sitzende Tätigkeit weitgehend unbeeinträchtigt fortsetzen zu können, und vertagen die Entscheidung, was mit Ihrer Lieblingshose passiert, auf später.

6. Sie ziehen die Hose aus und tragen fürderhin nur noch Röcke, um das Knopfproblem ein für alle Mal zu den Akten zu legen. Sie ändern also Ihre Gewohnheit bzw. Ihre Priorität und vermeiden das Knopfproblem künftig dauerhaft.

7. Sie machen den Knopf einfach auf, tragen die Hose ab sofort ohne großes Federlesens nur noch offen und haben das Problem somit auf unkonventionelle und phänomenal simple Art gelöst – werden aber vermutlich ziemlich schräg dafür angesehen und unter Umständen sanktioniert, z.B. weil Sie und Ihre offene Hose demnächst niemand mehr einladen oder neben Ihnen sitzen will.

8. Sie machen den Knopf auf und erklären allen mit unerschütterlicher Verve, dass »Hose offen tragen« der neueste Trend sei und außerdem viel gesünder. Dies tun Sie so lange, bis die Kunde verfängt, eine modische Kettenreaktion auslöst und alle, die was auf sich halten, zu »Hose-offen-Trägern« werden.

9. Sie ziehen die Hose aus, spenden sie einer gemeinnützigen Organisation oder geben sie zum Recycling und bleiben untenrum einfach dauerhaft nackt. In diesem Fall sind Sie zwar in der gesamtgesellschaftlichen Wahrnehmung nicht ganz dicht, aber Sie agieren außerordentlich sparsam, nachhaltig, kapitalismuskritisch, ökologisch korrekt und konsequent.

10. Sie werfen Ihre Lieblingshose final auf den Müll, gehen los und kaufen sich eine neue Hose, auch auf die Gefahr hin, dass Sie diese niemals so lieb gewinnen werden wie Ihr bisher favorisiertes Beinkleid.

Allein um sich in dieser vermeintlich einfachen Situation für eine der aufgeführten Optionen zu entscheiden, die für Sie (hoffentlich) die richtige ist, müssen Sie sich eine Menge Fragen beantworten! Zum Beispiel, wie wichtig Ihnen die Lieblingshose an sich ist. Wie entscheidend es für Sie ist, Ihre sitzende Tätigkeit ungestört fortsetzen zu können. Ob Sie das Geld für eine neue Hose haben. Ob Sie sich trauen, gegen den Strom zu schwimmen und untenrum »ohne« zu bleiben (bzw. zum Offenträger zu werden). Ob Sie dem Schneider vertrauen, dass er sich das Problem in Ihrem Sinne vorknöpft. Und, und, und.

Die meisten dieser Fragen nehmen wir auf dem Weg zu unserer Entscheidung gar nicht wahr, obwohl wir sie uns unterm Strich durchaus zielführend beantworten: Der Prozess findet zu großen Teilen un(ter)bewusst statt. Unser Instinkt, Routine, Erfahrungen und auch gesellschaftliche Normen helfen uns dabei, in vielen Fällen intuitiv die »richtigen« Entscheidungen zu treffen. Dies gelingt aber nicht immer, und je seltener wir eine Entscheidung zu treffen haben, desto größer ist das Risiko für Fehlentscheidungen, Affekthandlungen oder Irrtümer, weil uns die entsprechende Erfahrung fehlt.

Das Risiko, sich die falsche Hose zu kaufen, ist sicherlich überschaubar. Was aber, wenn es sich bei der neuen Anschaffung um eine ganze Küche, das neue Bad, eine komplette Wohn- oder Schlafzimmereinrichtung oder gar um eine Immobilie handelt? Um den neuen Esstisch samt Stühlen, die uns viele Jahre lang begleiten sollen und für die wir ein Monatsgehalt oder mehr auf den Tisch legen müssen? Um eine neue Haustür, Heizungsanlage oder Sitzgruppe? Solche Investitionen tätigen wir nicht allzu oft im Leben – ich persönlich kenne niemanden, der schon öfter als dreimal im Leben eine komplett neue Einbauküche für den eigenen Bedarf gekauft hat. Sie? Statistisch gesehen hat eine durchschnittliche Einbauküche eine Lebensdauer von 15 bis 25 Jahren. Wer da eine falsche Entscheidung trifft und sich 25 Jahre lang immer an der gleichen Ecke stößt, wird sich genauso lange immer wieder ärgern.

Bei diesen nicht so oft geforderten Entscheidungen fehlen uns die Routine, die Intuition und der Instinkt, um uns sicher durch die Optionen zu navigieren. Wie oft im Leben muss ich schon den geeignetsten Bodenbelag aussuchen? Die ideale Dachabdeckung? Das perfekte Doppelbett, das gleich zwei Menschen quasi über Nacht glücklich machen soll?

Kommen wir auf unsere Hose zurück: Ein Klamottenfehlkauf verschwindet als Leiche ganz hinten im Kleiderschrank und reut uns oft erst dann wieder, wenn wir ausmisten. Auch der Kauf dieses kleinen süßen Deko-Accessoires, das wir beim letzten Möbelmarktbesuch aus lauter Übermut in den Einkaufswagen geschummelt haben, obwohl wir eigentlich gar nicht mehr wissen, wo wir es überhaupt hinstellen sollen oder können, ist einigermaßen verschmerzbar, selbst wenn wir uns über das rausgeschmissene Geld ärgern.

Der Möbelfehlkauf oder die Fehlplanung am Bau hingegen begleiten uns im Ernstfall über viele Jahre – samt der Reue und der Unzufriedenheit, falls wir uns falsch entschieden haben, einer Fehleinschätzung aufgesessen sind oder unachtsam waren. Die folgenden Kapitel sollen Ihnen als Kompass dienen, um solche großen und kleinen Katastrophen und Ärgernisse künftig zu vermeiden – im Idealfall nicht nur im Bereich des Wohnens, sondern auch in Ihrem Leben an sich. In Bezug auf das Thema »Wohnen, Bauen & Einrichten« bediene ich mich dabei jener Form, die ich auch in den Coachings mit meinem »Wegweiser-Prinzip« anwende: Die jeweiligen Essenzen zu diesen Bereichen fasse ich am Fuße der einzelnen Kapitel in Form von jeweils drei Fragenkomplexen zusammen. Wenn Sie diese Fragen für sich und Ihr eigenes Vorhaben berücksichtigen, sollten Sie gut gerüstet sein und können sich beherzt an die konkrete Umsetzung machen.

Was die Übertragung der »Wohnfühl-Prinzipien« auf das Leben an sich betrifft, so finden Sie an jedem Kapitelende auch hierzu Inspirationen in Form von jeweils drei Leitsätzen. Aus diesen können Sie sich jene herauspicken, zu denen Sie einen Bezug spüren, die Sie gedanklich anregen oder mit denen Sie sich eingehender beschäftigen möchten.

In den Kapiteln selbst »sieze« ich Sie übrigens, wie Sie bemerkt haben; die »Wohnfühl«-Fragen sind in der »Ich«-Form verfasst, um Ihnen die Identifikation zu erleichtern. In den Leitsätzen zum Leben sowie in den Kapitelüberschriften spreche ich Sie vertrauensvoll mit »Du« an, denn diese sind genau so formuliert, wie ich sie auch für mich selbst notiert habe.

Erwarten Sie bitte keine konkreten Anleitungen bezüglich der praktischen Schritte bei einer Wohnungseinrichtung, bei der Renovierung oder bei einem Bauvorhaben: Ich werde Ihnen nicht vorkauen, in welcher Farbe Sie Ihre Wände streichen sollten, wie Sie einen Tisch bauen oder eine Wand verputzen, welcher Bodenbelag der beste für Sie wäre oder wie Sie konkret bei einer Entrümpelung vorgehen. Ich werde Ihnen auch nicht erklären, wie eine Küchenplanung auszusehen hat. Das kann jeder Fachberater im Möbelhaus Ihres Vertrauens besser und vor allem individueller. Für Ihre konkreten Vorhaben gibt es ausreichend praxisorientierte Informationsquellen und Beratungsinstanzen, die Ihren Plänen sehr viel besser gerecht werden, als es der ganzheitliche Ansatz meiner Methode bieten kann. Auf den letzten Seiten dieses Buches können Sie in Form der »Wohn-ABC-Checkliste« und meiner persönlichen Tipps zwar entscheidende Hinweise zur praktischen Umsetzung nachschauen; nehmen Sie diese aber bitte lediglich als »Schmankerl obendrauf«. Beim »Wohnfühl-Prinzip« geht es vor allem darum, dass Sie selbst aktiv werden: mit Hilfe von Reflexion, durch die Berücksichtigung der richtigen Fragen und dadurch, dass Sie sich besser kennenlernen.

Sie brauchen dieses Buch weder in einem Rutsch inhalieren noch müssen Sie sich beim Lesen an die vorgegebene Kapitelreihenfolge halten: Jedes der Kapitel steht für sich, und Sie können das Buch immer mal wieder zur Hand nehmen, um die für Ihre jeweilige Situation oder Fragestellung passende Stelle herauszusuchen. Das »Wohnfühl-Prinzip« so zu verinnerlichen, dass es Ihnen zu einem greifbaren Wegweiser werden kann, geht nicht von heute auf morgen: Manches, was Sie lesen werden, muss erst einmal sacken. Nehmen Sie sich die Zeit dafür! Das Selberdenken ist dabei hochgradig erwünscht, und die eigene »Umprogrammierung« auf dem Weg zur wahrhaften Selbstbestimmung kann anstrengend sein.

Ich persönlich habe mehrere Jahre gebraucht, um in diesem Prozess so »zuhause« zu sein, dass ich mit meinen Fortschritten nachhaltig zufrieden bin. Heute weiß ich: Manchen Dingen tut Zeit gut – und Vorfreude ist mächtig. Ich freue mich über und auf unsere Zusammenarbeit! Falls Sie mir ein Feedback geben möchten: Unter post@tinewittler.de bin ich gespannt auf Ihre Erfahrungen mit dem »Wohnfühl-Prinzip«. Und zum guten Schluss dieses Vorwortes noch eine Anmerkung zum Thema »Gendern«: Egal, ob sämtliche Geschlechterformen aufgeführt sind oder nur eine – es sind selbstverständlich immer alle gemeint.

Herzlich,

1

Wohne in Dir selbst und der Rest wird folgen

»Form follows function«, also: »Die Form folgt der Funktion«: Diesen Leitsatz aus Architektur und Produktdesign haben Sie vielleicht schon mal gehört? Auch der schöne Spruch »Free your mind and your ass will follow« (»Befreie Deinen Geist und Dein Hintern zieht mit«) könnte Ihnen bereits untergekommen sein. So oder so: Merken Sie sich diese beiden Bonmots; ihre Botschaften spielen auch im »Wohnfühl-Prinzip« eine große Rolle. Allerdings sind diese erst dann von Nutzen, wenn wir wissen, welche Funktion wir benötigen, welche Form uns gefällt, wie wir unseren Geist auf dem Weg zur Selbstbestimmung stärken können und welcher Kick in den Hintern uns am Ende wirklich motiviert.

Die oberste Maxime, dass bei der Gestaltung Ihrer (Wohn-)Welt alles von Ihnen selbst ausgehen sollte, klingt simpel. Trotzdem ist es nicht einfach, sich tatsächlich daran zu halten und dieses Prinzip konsequent umzusetzen: Viele Verlockungen, Ablenkungen und Fallstricke – äußere wie zum Beispiel Werbebotschaften oder visuelle »Trigger« und innere wie der »Haben-wollen-Affekt« oder das »Dazu-gehören-wollen« – können uns ziemlich erfolgreich davon abhalten. Pippi Langstrumpf ist ja nicht ohne Grund eine wahre Heldin! Ihr Motto »Mache Dir die Welt, wie sie Dir gefällt« kommt zwar leichtfüßig und vermeintlich selbstverständlich daher, ist aber geradezu revolutionär – eben weil so viel Klugheit und (Selbst-) Bewusstsein dazu gehören. Dass das »uns selbst treu bleiben« immer schwieriger und anstrengender wird, je verhafteter wir in unserem Umfeld und dessen gesellschaftlich geübter Normen sind – das spüren wir im Grunde unseres Herzens gerade dann, wenn wir vermeintlich »erwachsen« und »vernünftig« agieren. Und dann irgendwann feststellen, dass uns dies nicht dauerhaft zufrieden macht.

Als eine der ersten Galionsfiguren der hohen Kunst, das (innere) Notwendige mit (äußerer) Schönheit zu vereinen, gilt Karl Friedrich Schinkel (1781-1841): Der Architekt, Baumeister, Stadtplaner, Maler, Grafiker,

Bühnenbildner und sogar Eventdekorateur war die »eierlegende Wollmilchsau« unter den Gestaltern seiner Zeit. Mit seiner Vielseitigkeit war Schinkel der beste Beweis dafür, wie fruchtbar es sein kann, in der eigenen Arbeit das »große Ganze« auf dem Schirm zu haben und immer auch über den Tellerrand zu blicken. Der Preis, den er dafür gezahlt hat, war allerdings hoch: Der Meister der hochtourigen Produktivität überholte sich quasi selbst und arbeitete selbst dann noch rund um die Uhr, als er bereits gesundheitlich geschwächt war; vor seinem Tod erlitt er mehrere Schlaganfälle.

Von »Burn-out« sprach man damals noch ebenso wenig wie von »Design«: Gerade die Preußen waren bekannt dafür, vorwiegend dem rein Praktischen und der Disziplin zugeneigt zu sein. Karl Friedrich Schinkel kombinierte die Vorrangigkeit kompromissloser Funktionalität mit seinem hohen optischen Anspruch: Er duldete »keine Maskerade« – und machte es dennoch zur Maxime, »das Notwendige der Construction schön zu gestalten«[1]. Schinkel war damit seiner Zeit voraus und ein früher Bote des Designgedankens, der durch die industrialisierte Massenproduktion von Konsumgütern ab der Mitte des 19. Jahrhunderts aufkam. Der Auftrag zur Herstellung von Prototypen ging vornehmlich an Künstler mit ihrem Sinn für Formen und Zeitgeist, deren Aufgabe es nun war, Erscheinungsbild und Funktion möglichst gut zu vereinen.

Bis heute ist es so, dass wir »billigen Plünnkram« in erster Regel daran festmachen, dass dieser zwar auf den ersten Blick optisch ansprechend sein mag und unser Auge verführt – aber seine eigentliche Funktion nur rudimentär oder wenig zufriedenstellend erfüllt. Die Hersteller hochwertiger, als exklusiv vermarkteter Produkte hingegen – seien es Autos, Uhren, technische Geräte wie Kaffeemaschinen und Computer oder eben auch Möbelstücke und Einrichtungsgegenstände – rühmen sich nahezu immer ausdrücklich mit der Kunst, Form und Funktion vollendet zu vereinen. Achten Sie mal drauf, wenn Sie das nächste Mal die Beschreibung oder den Hochglanzprospekt zu einem Produkt lesen, bei dessen schwindelerregendem Preis Sie sich verwundert die Augen reiben!

Um die für Sie richtigen Entscheidungen treffen zu können, ist das Wichtigste, dass Sie sich und Ihre Bedürfnisse, Ihren Geschmack und

---

[1] Quelle: https://de.wikipedia.org/wiki/Karl_Friedrich_Schinkel

die Anforderungen Ihres Alltags, Ihre Prioritäten und auch Abneigungen kennen und formulieren können: Dieses Wissen bildet sozusagen die Entsprechung des Begriffs »Funktion« im Grundsatz »Form follows function«. Oder, um auf die Hose zurückzukommen: Eine neue, die zwar über Ihren Hintern passt, aber kratzt statt zu kneifen und Sie dadurch schon wieder in den Wahnsinn treibt, ist auch keine Lösung. Die Ringelstrümpfe und Strapse à la Pippi Langstrumpf sind es vermutlich ebenfalls nicht. Aber geben Sie es trotzdem niemals auf, auch vermeintlich verrückte Alternativen in Betracht zu ziehen!

Mir persönlich hat es auf meinem steinigen Weg zur »Pippi Langstrumpf im Geiste« immens geholfen, die Fähigkeit zur bewussten Unterscheidung von »Schein« und »Sein«, von »Innen« und »Außen« bewusst zu trainieren: Mit an Automatismus grenzender Regelmäßigkeit erinnere ich mich gezielt daran, dass ich nicht mein Haus oder meine Wohnung, mein Körper, mein Aussehen, meine Beziehung, mein Job, eine Projektionsfläche oder gar eine »Erfüllungsgehilfin« für die Erwartungen »der anderen« bin. Sondern zuallererst Hirn, Geist und Seele, die zu nähren und zu pflegen im Mittelpunkt meines Handelns stehen sollte: durch Muße und Reflexion, Nähe und Austausch, Bildung, Kultur und Genuss.

Das Übungswerkzeug, das ich hierfür nutze, ist simpel: An meinem Badezimmerspiegel hängt ein Kärtchen mit einer schlicht gezeichneten Blume. Ihr Mittelpunkt steht für mein »Innen«: ein runder Smiley mit dicker, durchgehender Linienführung. Die Blütenblätter drumherum hingegen, also die unterschiedlichen Elemente des mich umgebenden »Außen«, sind lediglich in gestrichelten Linien gezeichnet, welche hier und da Lücken aufweisen. Eines der Blütenblätter ist zudem nur angedeutet, da es sich noch im Wachstum befindet, während ein weiteres, leicht welkes Blatt der Blüte zu Füßen liegt.

Dieses simple Bild erinnert mich täglich daran, dass mein Innen stark, autark und komplett ist (also quasi eine runde Sache, haha!) – und alles drum herum nicht nur zweitrangig und vergänglich, sondern außerdem laufender Veränderung unterworfen und eine naturgegebene Baustelle.

Auch im Bereich »Wohnen & Einrichten« ist für die richtigen Entscheidungen vor allem eine Menge Selbsterkenntnis erforderlich. Wenn Sie Doktor Google mit der Frage »Welcher Wohntyp bin ich?« konfrontieren, werden Sie auf zahlreiche Selbsttests stoßen. Manche konzentrieren sich auf die Frage, welcher Stil Ihnen gefällt: Romantisch? Puristisch? Rustikal? Anderen geht es eher um die grundlegende Form des Wohnens samt der entsprechenden Verortung: Haus auf dem Land oder Stadtwohnung? Bungalow oder Maisonette? Wieder andere konzentrieren sich auf die persönlichen Eigenschaften und Gewohnheiten, die den Wohnalltag bestimmen: Chaotisch oder penibel? Praktisch oder repräsentativ? Einsiedler oder Socialiser?

Leider ist keiner dieser »Schnellschüsse« geeignet dafür, eine belastbare Antwort auf die »Typfrage« zu erhalten, welche künftig auch nur annähernd als »Schablone« für Ihre Entscheidungen dienen könnte. Es ist damit ein bisschen so wie bei den angeblichen »Psychotests« früher in der BRAVO (gibt's die eigentlich noch?![2]): Wer sich die Frage »Bin ich treu?« auf diese Art und Weise zu beantworten versucht, der hat noch einen weiten Weg vor sich. Und dass das Leben sowieso kein Ankreuzfrühstück ist, hat sich ja mittlerweile herumgesprochen.

Zwar können solche Tests »für Spaß« zur allerersten groben Orientierung dienen, sofern Sie sich mit dem entsprechenden Thema noch gar nicht auseinandergesetzt haben oder eine Gegenprobe bezüglich Ihrer bisherigen Selbsteinschätzung für sinnvoll halten. Nehmen Sie die Ergebnisse nur nicht allzu ernst! Machen Sie Kategorisierungen nicht zur Voraussetzung oder automatisierten Grundlage für Entscheidungen – auch wenn dies zunächst eine Erleichterung zu sein scheint. Nutzen Sie hierfür lieber die weitergehenden Anregungen der folgenden Kapitel!

Es ist wie mit dem berühmten »Schubladendenken« im gesamten Dasein: Wer sich ausschließlich an so genannten »Formaten« entlanghangelt oder an diesen schematisch abarbeitet, nur schwarz oder weiß, aber keine Grautöne und Farben sehen will, rollt der Einfalt den roten Teppich aus. Für alle, die es trotzdem nicht lassen können oder wollen, ein Schlagwort zur Kategorisierung parat zu haben: Auch mit den Begriffen »Stilmix« (im Bereich »Wohnen & Einrichten«) oder »Unentschieden« bzw. »Von allem etwas« (in Bezug auf das Leben an sich) lässt sich für den Anfang arbeiten.

---

2 schneller Check: ja, gibt's noch! bravo.de/psychotest

Lektion 1 auf der Coaching-Couch:

Fragen zum Wohnfühlen

1. Welche Wohnform bezüglich Gebäudetyp und Verortung bzw. Lage bevorzuge ich, und warum?

2. Welche konkreten Bedürfnisse gehen mit meiner Persönlichkeit und mit meinem Alltag einher?

3. Welcher Stil gefällt mir? Möchte ich diesen durchziehen, oder kommt mir ein Stilmix eher entgegen?

Lektion 1 auf der Coaching-Couch:

Leitsätze fürs Leben

1. Lerne Dich selbst kennen, indem Du Dir die richtigen Fragen stellst.

2. Lebe reflektiert und formuliere Deine Werte und Prioritäten.

3. Vermeide Schablonen und nimm Zwischentöne wahr.

2

Perfektionismus adé!

Ich erinnere mich an einen »Einsatz in 4 Wänden«, bei dem sich die Dame des Hauses schon seit Jahren eine offene Küche mit Kochinsel wünschte – sich aber nie traute, diese Idee umzusetzen. Sie liebte es, Besucher um ihren Esstisch zu versammeln, für diese zu kochen und das Gastgebertum zu pflegen; und sie hatte gut erkannt, dass eine offene Küche genau richtig für sie wäre, um auch während der Vorbereitungen mit ihren zahlreichen Gästen in Kommunikation zu bleiben. Aber es blieb zunächst beim Träumen.

Dabei waren die Voraussetzungen eigentlich gut: Die zur Verfügung stehenden Räumlichkeiten waren sowohl groß genug als auch passend geschnitten, sodass sich der Wunsch mit relativ leichten baulichen Veränderungen hätte realisieren lassen. Als ich die Hausherrin fragte, warum sie diese nicht längst in Angriff genommen habe, seufzte sie und sagte: »Ich bin totale Perfektionistin. Und ich habe Angst, dass die Gäste dann da sitzen und auf das Küchenchaos schauen und ich mich überhaupt nicht mehr entspannen und die Abende genießen kann. Weil ich die ganze Zeit den inneren Drang verspüre, sofort aufzuspringen und alles gleich wieder auf- und wegzuräumen statt nach dem Essen noch das Geplauder und das Beisammensein auszukosten. Im Moment kann ich die Küche einfach verlassen und gut ist. Aber wenn man da die ganze Zeit draufguckt …?!«

Kommt Ihnen das irgendwie bekannt vor? Nicht zwingend in Bezug auf dieses konkrete Beispiel – aber vielleicht kennen Sie das Grundproblem: Dass Sie sich etwas versagen, weil Sie Angst davor haben, Ihren eigenen Ansprüchen nicht gerecht zu werden. Es ist dieser vermaledeite Perfektionismus, der manchmal in jedem von uns wohnt. Dieser kann uns befeuern, beflügeln und motivieren – er kann uns aber auch ausbremsen und kleinhalten.

Die gute Nachricht ist: Wir entscheiden selbst, welchem Gesicht dieses »Januskopfes« wir uns zuwenden. Und jetzt die schlechte: Es ist Training erforderlich, um uns gegen den negativen Einfluss des Perfektionismus zu immunisieren.

Denn dieser lauert überall: Tagtäglich werden wir mit Hunderten Abbildern vermeintlicher Perfektion bombardiert. Perfekte Leben, perfekte Körper, perfekte Karrieren, perfekte Outfits, perfekte Wohnungen, perfekte Beziehungen überall, ob on- oder offline. Dazu die passenden Angebote, Anleitungen und Produkte, um uns zum Nacheifern aufzurufen oder zu unserem vermeintlichen Glück zu verhelfen.

Werbebotschaften und redaktionelle Inhalte purzeln dabei munter durcheinander und sind selbst für den reflektierten und gut geschulten Konsumenten kaum noch voneinander zu unterscheiden. In einem permanenten Stakkato suggerieren sie uns mal ganz offensichtlich, mal gut versteckt: Wir sollen diszipliniert sein, schön, jung, gesund, aufgeräumt, schlank, sportlich, fleißig, gefällig, unangreifbar, organisiert, strukturiert und effektiv; dazu noch achtsam, nachhaltig und engagiert. Wir sollen uns die Inszenierungen der Perfektion zu realen Vorbildern nehmen und damit gleichziehen.

Was wir viel zu oft auch versuchen, weil wir längst verlernt haben, bewusst zwischen Inszenierungen und Realität zu unterscheiden, während wir uns dabei selbst aus den Augen verlieren. Die Währungen, mit denen wir für diese Gehirnwäsche auch noch zahlen, sind unser Geld, unsere Zeit, unsere Aufmerksamkeit und unsere Ausgeglichenheit. Selbst wenn wir behaupten, diese äußeren Einflüsse längst als Manipulationsversuche identifiziert zu haben und uns selbst weismachen wollen, dass wir uns diesen bestimmt nicht unterwerfen: Sich vollständig zu entziehen ist nahezu unmöglich. Dafür müsste man wohl als einsiedlerischer Selbstversorger im Wald campieren – eine sehr anstrengende Option, und es hat einen Grund, dass solch alternative Lebensentwürfe als Kuriositäten zur Schau gestellt werden.

So konnte es dem Perfektionismus gelingen, sich als ständig pieksende Nadel in jedem Teil unseres Lebens festzuzecken: Der Selbstoptimierungswahn ist gesellschaftliche Übung. Er hält uns beschäftigt, sichert den Wirtschaftskreislauf und die bestehende Ordnung, zieht uns das Geld aus der Tasche, kostet uns wertvolle Lebenszeit. Er entfernt uns von unserem Inneren und durch das Gefühl ständiger Konkurrenz auch von unseren Mitmenschen. Die Mär vom unendlichen Wachstum kann deshalb verfangen, weil wir alle nur zu gern daran glauben wollen, dass wir eines Tages perfekt sein können. Das Streben nach Perfektion aber ist ein Rennen, das wir nur verlieren können und bei dem wir selbst auf der Strecke bleiben. Die Vorstellung, dass wir uns selbst, unsere Körper oder unser Wohnumfeld optimieren »müssen«, dient letztendlich nur einem Zweck: Dass andere mit uns und unseren Ansprüchen an uns selbst Geld verdienen.

Oder, um es auf unser »Wohnfühl-Prinzip« zu übertragen: Wer mit der inszenierten Vorlage aus einem Wohnblog oder einer Einrichtungszeitschrift losrennt und sich in den Kopf setzt, diese dauerhaft in ähnlicher Ästhetik oder gar in der gleichen Perfektion in seinem Zuhause implementieren zu können, der wird scheitern – am Anspruch und am Alltag. Das ist, wie wenn ich Klamotten online bestelle: Sehen auf dem Foto super aus, aber die entscheidenden Details bezüglich Tragekomfort, Passform und Haptik fehlen. Trotzdem tue ich es immer wieder – und rechne schon damit, am Ende enttäuscht zurückzubleiben. Auch wenn ich mit dem Foto einer Frisur in den Salon renne und erwarte, genau dieses Ergebnis auf dem eigenen Kopf zu sehen, wird das vermutlich nicht funktionieren. Wissen wir eigentlich alle – und fallen doch immer mal wieder drauf rein.

Beim »inszenierten Wohnen«, dem wir ebenfalls hier und da auf den Leim zu gehen drohen, ist es der Wahnsinn des ganz normalen Alltags, der aus der Präsentation bewusst ausgeklammert wird. Oder haben Sie schon mal ein inszeniertes Wohnfoto gesehen, auf dem wirre Papierberge, dreckiges Geschirr, Ladegeräte, ein zerwühltes Bett, nasse Handtücher, Centstücke, Bonbonpapiere und Legobausteine verstreut sind? – Ich nicht. Und obwohl wir es eigentlich besser wissen, »vergisst« unser Gehirn beim Betrachten solcher Bilder schlicht, diese Dinge gedanklich hinzuzufügen. Die Enttäuschung, wenn die Ästhetik der im eigenen Zuhause mühsam installierten Vorlagenkopie unter den Gebrauchsgegenständen des alltäglichen Lebens in die Knie geht, folgt auf dem Fuße.

Eine sehr kluge afrikanische Freundin hat einmal zu mir gesagt, als wir uns über den insbesondere unter Frauen verbreiteten Perfektionsanspruch bezüglich des eigenen Aussehens unterhielten: »Weißt Du, Tine, ein Mensch, der sich nur gut fühlt, wenn er einen makellosen Körper hat, modisch angezogen und sorgfältig zurechtgemacht ist, ist doch wie erstarrt. Dieser Mensch hat Angst, sich zu bewegen. Weil dies das perfekte Bild zerstören könnte.«

Mit dem Wohnen ist es genauso. Wie überhaupt mit dem Leben an sich: Es hinterlässt Spuren. Nicht nur in der Küche, im Bad, im Wohnzimmer oder im Garten. Sondern auch an Geist, Seele und Körper. Laufend. Ständig. Ohne Pause. Immer und immer wieder. Und solange Du lebst, wird sich das nicht ändern. Zum Glück!

Natürlich können wir uns Ordnungssysteme schaffen, für ausreichend Stauraum sorgen und Werkzeuge zur Hilfe nehmen, die uns die Bewältigung des alltäglichen Daseins erleichtern. Das aber ist erst der zweite Schritt zu einem »wohnsinnigeren« Dasein. Der erste ist es, die Spuren an sich zu akzeptieren und sie willkommen heißen zu können. Sie sind der einzige Beweis für unsere Existenz, den wir haben!

Dazu gehören Unaufgeräumtheit, die ständige Anwesenheit von Baustellen sowie die grundlegende Erkenntnis, dass wir unseren Anspruch an uns selbst in Sachen »Perfektion« selbst festlegen können. Nehmen wir Narben, Falten, Wehwehchen, zeitweises Chaos und immer wiederkehrende Unordnung doch als das, was sie sind: Sichtbare Zeichen unserer Präsenz, die uns daran erinnern, dass wir lebendig sind. Wenn wir nicht in der Lage sind, diese Spuren willkommen zu heißen, könnte dies ein Zeichen dafür sein, dass wir mit unserem Leben ganz grundsätzlich nicht zufrieden sind. Oft spielen hier Ängste eine Rolle: Die Angst, alt zu werden. Die Angst, die Kontrolle zu verlieren. Die Angst, nicht anerkannt zu werden. Wir sollten uns die Zeit dafür nehmen, darüber nachzudenken und uns die Indizien unserer Präsenz uneingeschränkt zuzugestehen.

Der Begriff der »Präsenz« eignet sich sowieso gut zur Verdeutlichung: Wenn jemand in sich zu ruhen scheint, seinen eigenen Weg geht, besonders erfolgreich oder in der Lage ist, andere mit bzw. für etwas zu begeistern und »mitzunehmen«, dann schreibt man ihm gern eine »besondere Präsenz« zu. Nehmen Sie das wörtlich: Wer »präsent« ist, der traut sich, Spuren zu hinterlassen. Er füllt einen Raum mit Zeichen seiner Existenz, »markiert« ihn sozusagen. Dabei bedient er sich unter anderem der Freiheit vom Zwang einer selbst auferlegten Ordnung: Er setzt sich durch Hingabe, Willensstärke, die Bereitschaft zum Risiko und Engagement mehr oder weniger bewusst einem etwaigen daraus resultierenden, auch für andere sichtbaren »Durcheinander« aus. Und ist damit in der Lage, durch das Zulassen etwaiger Unordnung die Sicherheit seiner Komfortzone auch vor anderen zu verlassen.

In diesem Zusammenhang erlaube ich mir einen Einwurf, den Sie gern als klischeehaft kritisieren dürfen. Aber ich spreche hier aus eigener Erfahrung und richte diese Anmerkung an all diejenigen, die unter der Präsenz ihres Partners leiden, weil dieser die heimische Dekoration mit herumliegenden Socken, verstreuten Münzen, Einkaufsbons und Kleinwerkzeugen garniert: Nehmen Sie's bitte gelassen! Er meint's nicht böse, er markiert nur. Darüber nicht wahnsinnig zu werden, dafür gibt es eine recht einfache Lösung (zu der wir allerdings erst später kommen).

Für Perfektionisten, die sich von ihrem Ordnungstick oder Organisationswahn unter Druck gesetzt fühlen, gibt es eine ganz einfache Übung: Drei Tage nicht aufräumen – und sich dann ein gemütliches Plätzchen inmitten des schönsten Tohuwabohus suchen. Füße hoch, Ruhe einkehren lassen, nichts tun. Frei nach Loriot »einfach nur hier sitzen« (oder liegen). Den Blick durch den Raum schweifen lassen, dabei schöööön ruhig weiter ein- und ausatmen und es einfach mal: aushalten. »Konfrontationstherapie« würde man dazu im Psychologensprech vermutlich sagen.

Aber ganz gleich, wie man es nennt: Fest steht, dass das schlichte Akzeptieren und geübte (An-)Erkennen immer wiederkehrender Konflikte zwischen dem Anspruch an Perfektion und dem Leben an sich immens hilfreich sind, um eine grundlegende Entspannung und Erleichterung herbeizuführen. Und (hausgemachten) Druck zu reduzieren.

Dass wir keine Maschinen sind, sondern Menschen, klingt vielleicht platt. Lassen Sie es mich Ihnen trotzdem noch einmal kurz in Erinnerung rufen: Es ist nicht unsere Aufgabe, fehlerfrei zu sein, zu »funktionieren«, perfekt zu sein oder ein »Optimum« aus uns herauszuholen. Wer uns das trotzdem einzureden versucht, will nur eins: Mit unserer Unzufriedenheit Geld verdienen. Oder uns kleinmachen.

Ich habe es mir deshalb angewöhnt, bei größeren Anschaffungen nicht nur über das Produkt an sich nachzudenken. Sondern vor der finalen Anschaffung noch einmal genau darüber nachzudenken, mit welchem Hersteller oder Unternehmen ich dieses Geschäft machen möchte und wer mein sauer verdientes Geld bekommen soll. Vielleicht ein Gedanke, der auch Ihnen weiterhilft?

À propos »weiterhelfen«: Ich bin Ihnen noch das »Happy End« bezüglich der offenen Küche schuldig. Die Lösung in diesem Fall bestand darin, den sichtbaren Arbeitsbereich und die Kochinsel durch einen erhöhten Tresen mit geschlossener Front »abzuschirmen«. Hinter diesem verschwinden seither das größte Chaos sowie das dreckige Geschirr aus dem vom Esstisch sichtbaren Bereich – und somit auch aus den gestrengen Augen der Gastgeberin. Diese kann sich nunmehr frohen Mutes auch bei der integrierten Küche ihrer Gesellschaft zuwenden, ohne dass ihr eigener Ordnungsanspruch sie allzu sehr stresst.

Hierfür musste vom Essbereich lediglich ein bisschen mehr Platz »abgezwackt« werden als die Bauherrin sich eigentlich vorgestellt hatte, und auch die Investition war ein wenig höher als vorgesehen – schließlich kamen auch noch drei Barhocker dazu, die jetzt zum Aperitif an eben jenen Tresen laden, während die Gastgeberin die letzten Handgriffe für das bevorstehende Menü erledigt. Soweit ich weiß, funktioniert das ganz vorzüglich, und der Tresen ist beliebter erster Anlaufpunkt für die eintreffenden Gäste, bevor zu Tisch gebeten wird. An dieser Stelle schöne Grüße!

Lektion 2 auf der Coaching-Couch:

Fragen zum Wohnfühlen

1. Haben meine Wohn-Vorstellungen und Wünsche ihren Ursprung wirklich in mir selbst?

2. Ließen sich diese tatsächlich mit meinem Alltag vereinbaren? Wären sie im Hinblick auf dessen Bewältigung förderlich?

3. Habe ich gelernt auszuhalten, dass in jedem Zuhause Unordnung und Chaos manchmal unvermeidbar sind?

Lektion 2 auf der Coaching-Couch:

Leitsätze fürs Leben

1. Unterscheide zwischen dem »wahren Leben« und der inszenierten Welt und entscheide bewusst, wer mit bzw. an Dir Geld verdienen darf.

2. Es ist nicht Deine Aufgabe, ein Optimum zu sein. Deine Ansprüche legst Du allein fest, auch die an Dich selbst. Du bist ein Mensch, keine Maschine.

3. Das Leben hinterlässt Spuren – immer und überall. Wenn Du diese Spuren nicht willkommen heißen kannst, beschäftige Dich mit der Frage, was der Grund dafür sein könnte.

3

Nur wer weiß, was er braucht, kann kriegen, was er will

Ein uns allen bekanntes schwedisches Möbelhaus warb jahrelang mit dem Claim »Entdecke die Möglichkeiten«. Das ist zwar an sich ein schöner Ansatz, aber das Problem daran folgt auf dem Fuße: Je mehr Möglichkeiten wir haben, desto schwerer fällt es uns, eine Auswahl zu treffen oder uns zu einer Entscheidung durchzuringen. Nicht nur im Möbelhaus oder im Baumarkt gibt es zahlreiche Optionen – das gilt gleichsam für das Leben an sich. Und unsere Schwierigkeiten sind häufig nicht die konkreten Umsetzungen eines Vorhabens oder Planes, sondern die Auswahl und die Festlegung auf die entsprechenden Maßnahmen.

Um es an einem simplen Beispiel festzumachen: Eine Farbrolle oder einen Pinsel können wir fast alle ohne große Anstrengung in die Hand nehmen und uns fröhlich summend daran machen, eine Wand zu streichen. Das wirklich Mühsame daran ist vielmehr, erst einmal zu entscheiden, welche Farbe überhaupt drauf soll auf Pinsel oder Rolle. Mit Intuition oder einfach nur unserem persönlichen Geschmack kommen wir dabei nicht immer weiter, weil wir diesen nicht (mehr) über den Weg trauen. Dafür werden wir mit zu vielen Informationen, angeblichen (Gestaltungs-) Regeln oder so genannten »Trends« bombardiert, und unsere Ungeduld tut manchmal ihr Übriges: Dann fällen wir eine Entscheidung aus lauter Verzweiflung zu schnell. Und stellen hinterher fest, dass wir wichtige Faktoren übersehen haben, die unsere Entschlüsse im Nachhinein zu Fehlentscheidungen machen.

Die gute Nachricht ist: Die »Qual der Wahl« zu haben, ist eigentlich ein Luxusproblem, für das wir dankbar sein dürfen. Sich dies immer wieder bewusst zu machen, kann bereits helfen, um entspannter an einen Findungsprozess heranzugehen. Aber es ist eben auch ein Luxusproblem, das uns den Wind aus den Segeln nehmen kann. Dann wollen wir uns zwar hochmotiviert an ein Vorhaben machen, scheitern aber schon daran, den ersten Schritt zu gehen, weil es allein für diesen so viele Optionen gibt. Um dies zu vermeiden, tricksen Sie sich am besten selbst aus! Und zwar mit Hilfe der Wittlerschen »Salami-Taktik«.

Diese besteht schlichtweg darin, sich zunächst in Ruhe hinzusetzen und Fragen zu beantworten: Was soll mein Ergebnis bewirken (und bitte, nicht zuerst: Wie soll mein Ergebnis aussehen)? Welche praktischen Anforderungen, welche persönlichen Bedürfnisse soll es erfüllen? Gibt es körperliche Besonderheiten, die es zu berücksichtigen gilt – zum Beispiel eine bevorzugte Liegeposition auf der Couch? Es soll schon Sitzriesen gegeben haben, die erst, nachdem der neue Esstisch schon im Wohnzimmer stand, feststellten: Das Ding ist für mich zu niedrig, um daran entspannt ein Menü einnehmen zu können. Und falls Sie eine neue Toilette einbauen lassen wollen: Verlassen Sie sich bitte nie, nie, nie! auf die Standardempfehlungen Ihres sicherlich sehr freundlichen und engagierten Sanitärtechnikers bezüglich der für Sie besten Sitzhöhe, sondern überprüfen Sie diese. Hier können Millimeter entscheidend sein! Und diese Liste ließe sich endlos fortführen.

Im Grunde geht es bei der »Salami-Taktik« um nichts anderes als darum, sich den bereits vorgestellten Grundsatz »Form follows function« ins Gedächtnis zu rufen und ihn zur Priorität zu machen. Und das »Entdecke die Möglichkeiten!« in ein »Reduziere die Möglichkeiten!« umzumünzen. So können wir die Auswahl, die uns zur Verfügung steht, auf dem Weg zu einer Entscheidung scheibchenweise reduzieren. Bis am Ende das Produkt, das Material oder die Bauweise übrigbleibt, das oder die wirklich zu uns, unserem Leben und unserem Stil passt.

Wichtig dabei ist, dass wir ehrlich uns selbst gegenüber sind – was wiederum nur dann funktioniert, wenn wir uns einigermaßen kennen. Dafür braucht man ein wenig zusätzliche Zeit. Aber es lohnt sich!

Wenn Sie zum Beispiel zum Chaos neigen und dies tendenziell eindämmen möchten, nützt es wenig, fürs Büro diese schicke offene Regalwand anzuschaffen, in die Sie sich beim jüngsten Besuch im Möbelhaus so sehr verliebt haben. Daraufhin einem Gedanken nachzugeben wie »Wenn ich erst mal dieses Regal habe, werde ich ganz automatisch ein aufgeräumter Mensch mit Ordnungssinn!«, um sich den künftigen Fehlkauf schon im Vorfeld schönzureden, ist eine schlechte Idee – auch das meine ich mit: »ehrlich sein«. Das wäre so, als wenn Sie sich unsere bereits hinlänglich erwähnte Hose eine Nummer zu klein kaufen mit dem Vorhaben, sich hineinzudiäten. Hab ich auch mal versucht und bin grandios gescheitert – keine Empfehlung zum Nachmachen von meiner Seite! (Sie können es natürlich gern versuchen, aber ich will hinterher keine Beschwerden hören.)

Bei der erfolgreichen Anwendung der »Salamitaktik« landen Sie nun vielleicht bei einem Möbelstück mit großen geschlossenen Schubladen, das Sie sich durchaus vorstellen könnten, und sind damit schon einen Schritt weiter.

Ihre Ehrlichkeit wird Ihnen dann aber – je nachdem, wie viel Mühe Sie sich mit der Konkretisierung Ihrer Eigenschaften und Bedürfnisse gemacht haben – unter Umständen zuflüstern: »So große Schubladen?! Da findest du doch am Ende gar nichts mehr wieder, weil du einfach ohne nachzudenken alles reinpfeffern wirst, was so im Weg rumliegt. Überleg noch mal!« – Vielleicht landen Sie in Ihrer Auswahl daraufhin bei einem alten Apothekerschrank mit vielen kleinen Schubfächern, die Sie sogar noch beschriften können, wenn Sie möchten.

Hm. Von der Erfüllung Ihrer Bedürfnisse her top, aber leider mit Ihrem bisherigen Wohnstil nicht vereinbar oder so gar nicht Ihr Geschmack? – Kein Problem. Denn jetzt – und bitte erst jetzt! – dürfen Sie endlich nach der Optik gehen (sowie nach Ihrem Budget). Und die passende Kommode in Ihrem gewünschten Stil suchen, deren Eigenschaften denen des für Sie so gut geeigneten Apothekerschrankes am nächsten kommen. Wenn Sie erst mal so weit sind, werden Sie feststellen, wie viel Spaß es machen kann, wenn man »sein« Wunschprodukt ganz klar definiert hat und gezielt danach fahndet! Sie werden sich fühlen wie ein talentiertes Trüffelschwein – und Ihre Beute besonders stolz in die Höhle schleppen. Oder schleppen lassen (aber vorher das Ausmessen bitte nicht vergessen!).

Zu den zu berücksichtigenden Eigenschaften des von Ihnen gewünschten Produktes, Baustoffes oder Materials, Bodenbelages oder Möbelstücks gehören übrigens auch von Anfang an jene Faktoren, deren Konsequenzen sich erst im »gemeinsamen« Alltag merklich entblättern: Dazu gehören vor allem Pflege, Reinigung, Wartung und die Auswirkungen der individuellen Umgebung oder des persönlichen Gebrauchs.

Seit ich auf dem Land lebe, scheiden beispielsweise helle Möbelstücke, Accessoires und Textilien in der Neuanschaffung von Vornherein aus:

Feldstaub, die Asche der Feuerstellen und Spinnweben – insbesondere im Frühjahr, im Sommer, während der Erntesaison, im Herbst und im Winter – überziehen diese im nicht ganz dichten Fachwerkhaus schneller mit einem freundlichen Schmutziggrau, als ich mir das in der Neubau-Stadtwohnung jemals hätte vorstellen können. Da hinterherputzen zu wollen ist eine Illusion, die ich schon wenige Wochen nach dem Umzug für immer und ewig auf dem zugigen Dachboden abgelegt habe. Und seitdem immer wieder erfreut feststelle: Auf allem Hölzernen – von Tischen und Konsolen über die antiken Dachbalken bis hin zum in Würde gealterten Dielenboden – wirken sowohl Spinnweben als auch Staub (jedenfalls bis zu einem gewissen Maße) so, als gehörten sie ganz selbstverständlich zur ruralen Gesamtinstallation.

Wenn Sie jetzt denken, »ach Du je, dieser Weg zu einer Entscheidung klingt nach Arbeit!«, dann haben Sie völlig recht. Zur »Salami-Taktik« gehören das Nachdenken, eine gewisse Weitsicht und das Abwägen von »Fürs« und »Widers«. Um diese Taktik korrekt anzuwenden, ist es wichtig, unsere Ungeduld in den Griff zu bekommen: Die Fähigkeit, loszupreschen und »einfach zu machen«, ist zwar positiv und erstrebenswert – wenn es aber um Entscheidungen geht, die langfristige Folgen haben werden und noch dazu mehr Geld kosten als unsere berühmte Hose, dann sollten wir uns Zeit dafür nehmen. Falls die Ungeduld Sie auf Ihrem Wege immer wieder plagt, Geduld kann man ganz einfach erzwingen: durch Nichtstun. Die Planung noch mal beiseitelegen und ganz klassisch vertagen. Oft fallen uns genau dann noch wichtige Dinge ein, wenn wir gerade gedanklich ganz woanders sind. Oder wenn uns beim nächsten Alltagsgriff auffällt, was an der »Ist-Situation« nervt und bei der nächsten Veränderung auf jeden Fall verbessert werden sollte. Um bei der »Salami-Taktik« konsequent dranzubleiben, machen wir uns in schwachen Momenten am besten immer wieder klar, dass eine nachträgliche Korrektur noch sehr viel mehr Zeit, Nerven, Anstrengung und vermutlich auch Geld kosten wird als jene Mühe, die wir jetzt so entspannt wie möglich in eine wohlüberlegte Entscheidung investieren.

Sie können das Pferd übrigens auch von hinten aufzäumen, um sich einer Entscheidung anzunähern: Indem Sie Ausschlusskriterien festlegen und klar formulieren, was Sie *nicht* wollen. Auch dies reduziert die Möglichkeiten signifikant!

Eine Bekannte erzählte mir kürzlich von einer Freundin, die seit mehreren Jahren die Installation eines Einbauschrankes plant, sich aber nicht zu einer Entscheidung bezüglich der finalen Bestellung durchringen kann. Mehrere bezahlbare Entwürfe eines zuverlässigen und begabten Tischlers liegen seit nunmehr zwei Jahren vor – nur das »Go!« der Auftraggeberin fehlt, und diese bricht mittlerweile in Tränen aus, wenn das Thema auf den Tisch kommt. Alle Angebote aus dem persönlichen Umfeld, bei der Entscheidungsfindung konkrete Hilfestellung zu leisten, sind gescheitert: Weder die »Salami-Taktik« noch die Auflistung von Ausschlusskriterien haben zu einem Ergebnis geführt, und auch die Beschäftigung mit dem »Worst Case-Szenario« (»Was ist das schlimmste, das passieren kann, wenn ich mich falsch entscheide?«) brachte keinen Durchbruch. Das ist ein Extremfall, dem unter Umständen ganz andere Fragen oder Probleme zugrunde liegen.

Sollten Sie aus Ihrem Freundes- oder Familienkreis eine ähnliche Geschichte kennen: Wenn Sie das Gefühl haben, dass all Ihre Unterstützung nichts bringt und das Thema sogar die Beziehung belastet, dürfen Sie es künftig ausklammern. Schneiden Sie es in Gesprächen nicht mehr an. Sollte Ihr Gegenüber es von allein wieder ansprechen, ist es in Ordnung, darauf einzugehen; jedenfalls solange Sie vermuten dürfen, dass diesmal ernsthaft eine Entscheidung angepeilt wird. Beschleicht Sie hingegen das Gefühl, dass nur eine weitere »Problemrunde« gedreht werden soll, dürfen Sie sich distanzieren: Machen Sie das Problem nicht zu dem Ihrigen, und stellen Sie klar, dass Sie bereits alles getan haben, was in Ihrer Macht steht. Das viel zitierte »Loslassen« kann auch Ihr Gegenüber darauf stoßen, manche Dinge nicht schwerer oder wichtiger zu nehmen als sie wirklich sind. Eine Entscheidung zu fällen bedeutet immer auch, Optionen loszulassen, und das berühmte »sich-einen-Ruck-geben« fällt manchmal leichter, wenn uns bewusst wird, dass unser persönliches vermeintliches Dilemma den Rest der Welt gar nicht interessiert.

Gehören Sie zu jenen Impulsgesteuerten, die sich sofort im »Habenwollen«-Modus befinden und lichterloh brennen, wenn sie sich in ein Produkt oder auch nur eine Idee verlieben: Schlafen Sie drüber. Mindestens eine Nacht, gern noch eine länger, und hinterfragen Sie Ihren Impuls. Der Rat, auf der Suche nach Ihrem Wunschprodukt erst mal ohne Geld oder ec-Karte loszuziehen, um dem Impuls nicht zum Opfer zu fallen, ist in Zeiten des Onlineshoppings obsolet. Aber auch beim Einkaufen im Internet können Sie Ihre Ungeduld zähmen: Packen Sie das gewünschte Produkt, dessen Anschaffung Sie noch nicht ausreichend reflektiert haben, ruhig schon mal in den Warenkorb. Legen Sie ein Kundenkonto an und bereiten Sie alles für den »Eins, zwei, meins«-Moment vor. Und geben Sie sich dann noch mal die erwähnte Nacht.

Ganz wichtig: Sollten Sie sich der Herausforderung eines Neubaus oder einer Komplettsanierung stellen, dann seien Sie bitte darauf vorbereitet, zwischenzeitlich einem Nervenzusammenbruch nahezukommen – und warnen Sie für diesen Fall auch all jene vor, die in der »heißen Phase« mit Ihnen zu tun haben werden. Denn während dieser werden von Ihnen vielzählige Entscheidungen in kurzer Zeit verlangt, und selbst, wenn Sie sich eigentlich gut vorbereitet wähnen, könnte auch Sie irgendwann dieses unschöne Gefühl totaler Überforderung überrollen – dann jedenfalls, wenn Sie en passant auch noch den ganz normalen Alltag mit Job, Familie und Freizeit stemmen sollen (von der Illusion letzterer sollten Sie sich als Bauherr/in eh verabschieden und stattdessen das Bauvorhaben rechtzeitig zu Ihrem einzigen Hobby machen!).

Ich selbst habe das Abenteuer »Grundsanierung einer Gastronomiefläche« vor einigen Jahren in Hamburg nur mit Mühe und Not gewuppt: Trotz aller Erfahrung, trotz aller Theorie, trotz aller Vorarbeit, exakter Planungen und vermeintlicher Weitsicht explodierten die Erfordernisse, die Kosten und irgendwann auch die Bauherrin. Der begleitende Architekt machte sich damals den großen Spaß, nach Beendigung der Bauarbeiten eine Karte zu schicken mit einem Foto, das die Baustelle der Elbphilharmonie zeigte. Darunter prangte der grell leuchtende Schriftzug »Erster!«. Der Architekt fand das witzig, während ich noch vollauf damit beschäftigt war, meine Wunden zu lecken. Bauen ist und bleibt nun mal das letzte große Abenteuer unserer Zeit! Nach der Lektüre dieses Buches sind Sie darauf vorbereitet.

Lektion 3 auf der Coaching-Couch:

Fragen zum Wohnfühlen

1. Erfüllt die geplante Anschaffung oder Veränderung konkret die gewünschten praktischen Anforderungen? Lässt sie sich zu meiner Zufriedenheit in Vorhandenes integrieren und passt sie in mein Budget?

2. Steht der Aufwand in Sachen Reinigung, Wartung & Pflege der geplanten Anschaffung oder Veränderung in einem akzeptablen Verhältnis zum tatsächlichen Nutzen?

3. Habe ich die Entscheidung noch einmal überprüft bzw. hinterfragt und mindestens eine Nacht darüber geschlafen?

Lektion 3 auf der Coaching-Couch:

Leitsätze fürs Leben

1. Versuche Kurzschlusshandlungen oder Entscheidungen unter Druck zu vermeiden, wo es nur eben geht.

2. Akzeptiere, dass es ein mühsamer Prozess sein kann, eine Entscheidung zu fällen, mit der Du langfristig glücklich sein kannst. Nimm Dir trotzdem die Zeit dafür. Eine nachträgliche Korrektur ist noch mühsamer.

3. Nutze die »Salami-Taktik« und reduziere die Möglichkeiten durch das konsequente Abarbeiten von Fürs und Widers, um zu einer Entscheidung zu gelangen. Auch eine Auflistung dessen, was Du eben *nicht* willst, kann dabei hilfreich sein.

4

Öfter mal die Perspektive wechseln

Der immer gleiche Blickwinkel ist nicht nur langweilig – er begrenzt uns auch: In unserer Fantasie und unserem Vorstellungsvermögen; in unserer Empathiefähigkeit und der Gabe, anderen gegenüber offen und verständnisvoll zu sein; in unserer Wahrnehmung und in unseren Chancen. Wann haben Sie zum letzten Mal bewusst die Raumdecke Ihres Wohnzimmers betrachtet und überlegt, was Sie daraus bzw. damit noch alles machen könnten? Und wann sind Sie das letzte Mal in eine andere, fremde Welt eingetaucht, haben den Mut gehabt, Ihr eigenes kleines Universum zu verlassen, und dabei etwas wirklich Neues entdeckt?

Zugegeben, das mit der Raumdecke klingt vielleicht ein bisschen seltsam (wenn nicht: Glückwunsch – für Sie sind Perspektivwechsel ganz normal, und das ist super!). Aber genau da liegt der Hase im Pfeffer: Es mag ungewöhnlich erscheinen, bei der Raumgestaltung an die Decke zu denken; also an jenen Teil des Raumes, an den wir zunächst gar nicht herankommen, selbst wenn wir uns recken und strecken und auf Zehenspitzen stellen. Auf der anderen Seite: Warum diesem Teil des Raumes nicht trotzdem mal ein bisschen (mehr) Aufmerksamkeit schenken? Warum sollte ich mich überhaupt in der möglichen Gestaltung eines Raumes begrenzen lassen? Nur weil ein Teil dieses Raumes nicht sofort ins Auge fällt und andere nichts draus machen oder ihn gar nicht wahrnehmen, bedeutet das doch nicht, dass er nicht existiert. Oder dass ich ihn links – äh: oben – liegen lassen muss. Und wofür gibt es Leitern?!

Worauf ich hinaus möchte: Die Perspektive zu wechseln ist immer eine Bereicherung – das gilt für das Leben an sich, und es gilt für die Welt, die wir in unseren vier Wänden erschaffen.

Was das Leben betrifft, so brauchen wir für den Perspektivwechsel immer ein wenig Mut und die Bereitschaft, Veränderungen oder neue Erkenntnisse zuzulassen. Manchmal bedeutet er sogar, auf die Nase zu fliegen, denn Neues birgt auch immer ein Risiko. Aber je trainierter der

»Mutmuskel«, desto leichter fällt es, sich auf unbekannte Blickwinkel, Menschen und Situationen einzulassen. Daraus wiederum lernen wir. Im Ernstfall sogar aus den Niederlagen, die aus dem Risiko entstanden sind und die uns zunächst vermeintlich geschwächt zurücklassen.

Wenn wir aber daraus anschließend die richtigen Lehren ziehen, fliegen wir in dieser Form vermutlich kein zweites Mal auf die Nase: Weil wir künftig noch ein bisschen besser auf uns aufpassen, sensibler für Warnzeichen sind und unsere Wahrnehmung geschärft haben. Was dann bleibt, ist eine Stärke, die uns trotz zeitweilig schlechter Erfahrungen weiterhin offen und vertrauensvoll sein lässt.

Beim Thema »Wohnen und Einrichten« ist es ähnlich: Gestehen Sie sich die Freiheit zu, Neues zu wagen! Lösen Sie sich hier und da von gewohnten (Sicht-)Mustern und trainieren Sie Ihre Fähigkeit, die eigene Umgebung immer wieder neu entdecken und gestalten zu können.

Damit ist nicht gemeint, eine – vielleicht, eventuell, unter Umständen oder ganz bestimmt – tragende Wand einzureißen (erst recht nicht ohne Zustimmung Ihres Vermieters!). Außerdem überlassen Sie – ob Eigentümer oder Mieter – bitte alles, was mit Strom und Wasser zu tun hat, den Fachleuten. Davon abgesehen aber ist das Schöne an unserem Zuhause, dass wir Neuerungen hier relativ gefahrlos umsetzen können und uns Experimentierfreude erlauben dürfen. Die Wohnung ist unsere eigene Welt, die sich dem Urteil anderer nicht zu unterwerfen braucht; und sollte sich doch jemand ein Urteil darüber erlauben, das ihm oder ihr gar nicht zusteht, dann können wir unsere Tür für diese Person künftig schließen. Diese Freiheit zu nutzen, ist unsere eigene Entscheidung.

Was die Decke betrifft, verstehen Sie mich bitte nicht falsch: Ich will Ihnen jetzt nicht einreden, dass Sie auf Teufel-komm-raus irgendetwas Wildes mit Ihren Zimmerdecken anfangen müssen. Aufwändige Deckenmalereien können Sie getrost den alten Meistern überlassen und den großzügigen Kuppeln in Kirchen und Kathedralen. Aber wenn Sie nicht mit unendlicher Stellfläche gesegnet sind und viel Krempel unterzubringen haben, dann kann sich ein Blick nach oben lohnen. Dabei muss es nicht das halsbrecherische Hochbett sein, das sich in der Regel lediglich für Kinderzimmer oder maximal Studentenbuden eignet – wegen der abnehmenden Gelenkigkeit, des zunehmenden nächtlichen Rausmüssens und so weiter im fortgeschritteneren Alter.

Haben Sie jedoch schon mal darüber nachgedacht, ein zweiseitig »bespielbares« Regal unter die Decke zu hängen, statt einen herkömmlichen Schrank an der Wand entlang aufzustellen? Das liefert Ihnen glatt doppelt so viel Stauraum, kann ein toller Raum- bzw. Bereichstrenner sein, erleichtert das Sauberhalten des Bodenbereichs und bringt noch dazu all jene Dinge auf Augenhöhe, auf die man schnell Zugriff haben möchte: Auf der »Home-Office«-Seite vielleicht Akten oder Prospekte; auf der »Wohn«-Seite Bücher, Zeitschriften, Vasen oder Erinnerungsstücke. Sollte Ihre Decke die Last eines Regals nicht tragen oder halten (bitte vorab die Substanz und gegebenenfalls die Statik prüfen!), dann können es auch Sortierhilfen aus leichtem Material wie Kunststoffgewebe oder Segeltuch sein, die mit Hilfe eines Hakens befestigt werden. Eine Korbampel können Sie sich mit Hilfe einer leichten Metallkette und einer Zange sogar selbst basteln. Übrigens auch eine schöne Lösung für kleine Badezimmer!

Auch hängende Lichtinstallationen machen sich gut; insbesondere in kleinen Räumen, in denen eine Stehlampe nur eine zusätzliche Stolperfalle auf dem Boden wäre.

Und wo wir gerade dabei sind, die Welt vom Kopf auf die Füße zu stellen: Das funktioniert auch andersherum! Wenn Sie zum Beispiel – statt Licht ausschließlich in Sichthöhe zu verbauen – Ihre auf Füßen stehenden Möbelstücke einfach mal von unten beleuchten. LED-Streifen machen's möglich, wie wir überhaupt heute ohne großen Aufwand unsere eigenen Lichtdesigner sein können, wenn wir die technischen Möglichkeiten nur richtig nutzen.

Ich erinnere mich daran, wie aufwändig so etwas noch im Jahr 2003 war, als wir mit der Produktion von »Einsatz in 4 Wänden« begannen: Damals mit Lichtkonzepten zu arbeiten, war aufwändig und teuer – heute hingegen ist es im Vergleich zu damals ein Kinderspiel. Ein auf Füßen ruhender freistehender Küchenblock, unterseitig mit farbigen LEDs beleuchtet, kann Ihr Zuhause auf Knopfdruck in eine spacige Lounge verwandeln, in der Sie nur darauf warten, dass die Rakete gleich abhebt (auch wenn Sie dann natürlich nicht vergessen sollten, untenrum öfter mal zu fegen).

Was das Thema »Licht« betrifft, so kann der Perspektivwechsel übrigens wichtige Erkenntnisse herbeiführen! Wenn wir uns einmal das unterschiedliche Lichtempfinden von Frauen und Männern anschauen, zum Beispiel.

Haben Sie, liebe Leserin, auch schon mal die Erfahrung gemacht, dass Sie den abendlichen Essenstisch besonders liebevoll gedeckt, mit gedämpftem Kerzenschein ausstaffiert und in goldenen Schimmer getaucht haben – und dann kommt der Kerl rein, drückt auf den Schalter der hellen Deckenlampe und sagt: »Mach Dir doch mal Licht an. Du siehst ja gar nichts!«?!

Ohne hier jetzt in längst überholten Rollenbildern herumstochern zu wollen: Für dieses Gebaren gibt es Erklärungsversuche, die zwar für unser heutiges Dasein nicht mehr allzu ernst zu nehmen sind. Sie geben aber trotzdem Hinweise darauf, wie die Perspektive und die erlernten Sichtweisen das Empfinden (und somit auch das Handeln) beeinflussen können.

In diesem Fall besagt der Erklärungsversuch schlicht Folgendes: Für die Herren der Schöpfung kam es, als sie noch jagen gingen, besonders auf gute Sicht an, um das Mammut zu erwischen. Währenddessen verbrachten ihre Lebensgefährtinnen viel Zeit in der eher düsteren Höhle, und diese waren daran gewöhnt, ihre Arbeiten auch in eher schummrigem Licht zu verrichten.

Der Witz über den Mann, der im Kühlschrank nach der Butter sucht, obwohl sich eben diese genau vor seinen Augen befindet, hat seinen Ursprung in der Annahme, dass Männer seit jeher auf Weitsicht »gepolt« sind. Und dass sie aus diesem Grunde bis heute – obwohl sich die Lebensbedingungen zwischenzeitlich stark verändert haben – all jenes, was sich direkt vor ihnen befindet, weniger deutlich wahrnehmen als Frauen. Diese wiederum hatten beim Sammeln und Auflesen von Beeren und Früchten ihren Blick vermehrt auf jenem Fleckchen, das sich direkt vor ihnen befand. Eine (etwas hässliche) Weiterentwicklung dieser Theorie besagt, dass Männer auch deshalb so gern im Hellen essen, weil sie sich nicht vergiften lassen wollen und aus diesem Grunde all das, was vor ihnen auf dem Teller liegt, bei gutem Licht beäugen, bevor sie zugreifen. Ein Schelm, wer Böses dabei denkt!

Und doch lässt sich aus diesen Annahmen ein Grundsatz ableiten, der – unabhängig vom Glauben an die Ursprünge – weithin anerkannt, weil schlicht sinnvoll ist: Wenn Sie daheim für gute (Licht-) Stimmung sorgen wollen, dann installieren Sie eine flexibel handhabbare Mischung beider »Sicht-Weisen«.

Das bedeutet zum einen: punktgenau ausrichtbares und helles Arbeitslicht für all jene Dinge, die erledigt, geschnippelt, getippt, wegorganisiert, wegrasiert und abgearbeitet werden wollen. Und zum anderen: dimmbares, diffuses Wohnlicht für jene Bereiche, in denen wir es uns gemütlich machen möchten.

Erstes erreichen wir durch helle Strahler mit flexiblen Armen und mit Hilfe von zuschaltbaren Lichtkreisläufen an Wänden, Spiegeln oder Decken sowie rund um Arbeitsflächen. Beim Entspannen hingegen unterstützt uns dimmbares und warmes Licht, das uns an ein Kaminfeuer erinnert. Dieses wird zum Beispiel über einen Schirm weitflächig gestreut und vermittelt dadurch Behaglichkeit. Das Thema »Licht« werde ich im Kapitel 12 noch einmal aufgreifen und Sie an die Wichtigkeit desselbigen erinnern; bis dahin soll es für den Moment genügen.

Um sich das Prinzip des Perspektivwechsels bei einer geplanten Umgestaltung Ihrer Räume zu Nutze zu machen, empfehle ich Ihnen Folgendes: Versuchen Sie, den betreffenden Raum wahrzunehmen, als wären Sie ein Gast, der ihn zum ersten Mal betritt. Dafür sollten Sie zunächst den persönlichen »Tunnelblick« ablegen.

Um dies zu erreichen, schließen Sie die Tür zum betreffenden Raum und machen einen Spaziergang, auf dem Sie Ihren Blick besonders aufmerksam durch die Umgebung schweifen lassen. Denken Sie während des Spazierganges nicht an Ihren Raum und an die Veränderungen, die Sie vornehmen möchten, sondern lassen Sie Ihre Gedanken frei wandern. (Tipp: Wenn Sie befürchten, dass Ihnen dies nicht gelingt, nutzen Sie die Dauer des Spaziergangs, um mobil mit jemandem zu telefonieren, den Sie lange nicht gesprochen haben. Lassen Sie Ihre Umgestaltungspläne dabei außen vor – es gibt bestimmt genug anderes zu erzählen!) Wenn Sie dann nach Hause zurückkehren, öffnen Sie die Tür zum betreffenden Raum und achten Sie ganz bewusst darauf, wohin oder worauf Ihr unmittelbarer Blick fällt. Zu welchem Punkt des Raumes fühlt sich Ihr Auge geradezu automatisch hingezogen? Und was nehmen Sie aus dieser Perspektive wahr?

Wenn Sie dieses Experiment in mehreren Räumen durchführen, werden Sie vermutlich feststellen, dass Ihr erster Blick meistens in Richtung des Tageslichts geht, also in Richtung des Fensters. Diesem Bereich und dem Blick darauf sollten Sie also bei der Umgestaltung besondere

Aufmerksamkeit widmen und dafür sorgen, dass der Blick auf das Fenster möglichst frei bleibt sowie der »Weg« zum Fenster ansprechend gestaltet und einigermaßen aufgeräumt ist. Das ist schon die halbe Miete für den Gesamteindruck des Raumes!

Die meisten von uns – jedenfalls sofern wir Rechtshänder sind – orientieren sich außerdem am liebsten entgegen des Uhrzeigersinns. Am aufmerksamsten sind wir dafür, was links von uns passiert, weshalb Supermärkte uns zum Beispiel meistens »links herum« führen[3]. Trotz dieser Automatismen, die sich in unserem Unterbewussten abspielen, können wir den eigenen Blick und auch den Blick unserer Gäste in den jeweiligen Raum bis zu einem gewissen Grad lenken und diese »Macht« bei der Gestaltung gezielt einsetzen.

Ich spreche in diesem Zusammenhang vom so genannten »Hingucker« eines Raumes, der quasi als optischer Magnet fungiert: Der erste Blick in den Raum führt uns bzw. unsere Augen dorthin, wo es im besten Fall auch »am schönsten« ist. Oder, anders formuliert: Solange der »Hingucker« eines Raumes uns auf Anhieb ein Gefühl der Aufgehobenheit und des Wohlfühlens vermittelt, kann der Rest der Fläche auch Rumpelecken verkraften, ohne dass dies den Gesamteindruck entscheidend schmälert. Dieser »Hingucker« kann, aber muss nicht zwingend in Richtung des Fensters liegen: Verlassen Sie sich dabei auf Ihre Intuition. Oder, wenn Sie allein nicht weiterkommen: Bitten Sie Ihre nächsten Gäste, im betreffenden Raum einmal »Auge« für Sie zu spielen.

Und zum guten Schluss bezüglich des Perspektivwechsels noch ein Tipp für die Gestaltung Ihres Raumes, sofern Sie dazu so gar keine Idee haben und sich zwar der praktischen Anforderungen bewusst sind, aber die Inspiration zu Stil oder optischer Ausrichtung fehlt: Nutzen Sie das »Auge« Ihres Raumes – und schauen Sie mal aus dem Fenster!

Was Sie dort sehen, können Sie aufgreifen. Fällt Ihr Blick auf Grün und Natur? Dann gestalten Sie Ihren Raum als Erweiterung dieses natürlichen Raumes entsprechend! Schauen Sie auf ein Fabrikgelände? Dann beschäftigen Sie sich doch mal mit dem Industrial Style, der mit Metall und eher mit Klarheit als Verspieltheit operiert. Ihr Nachbar hat ein Haus

---

[3] https://www.sueddeutsche.de/wirtschaft/sagen-sie-mal-warum-geht-es-im-supermarkt-immer-linksrum-1.591464

oder Dach mit einer Farbe, welche heraussticht und zunächst vielleicht sogar zu stören scheint? Dann greifen Sie diese »verrückte« Farbe als Tupfer auf, zum Beispiel auf einem Wandabschnitt oder in Form von Textilien, und sorgen Sie für eine optische Wiederholung als Detail in Ihrem eigenen Raum – schon werden Sie den »Hingucker« auf der anderen Seite des Fensterglases viel versöhnlicher wahrnehmen. Lassen Sie sich inspirieren!

Lektion 4 auf der Coaching-Couch:

Fragen zum Wohnfühlen

1. Habe ich alle Dimensionen meines Raumes wahrgenommen und für die Gestaltung in Betracht gezogen?

2. Habe ich den »Hingucker« in meinem Raum definiert und bei der Gestaltung berücksichtigt?

3. Habe ich auch durch das »Auge« meines Raumes nach Inspiration gesucht?

Lektion 4 auf der Coaching-Couch:

Leitsätze fürs Leben

1. Hab keine Angst vor Veränderungen. Trainiere Deinen »Mutmuskel«, indem Du Dich bewusst auf neue Situationen, Menschen oder Umgebungen einlässt.

2. Lass Dich auf Diskussionen ein, die am Ende offenbleiben, und übe es, dies aushalten zu können. Verzichte darauf, Wert aufs »Recht haben« zu legen. Das macht Dich freier und offener für neue Blickwinkel und Sichtweisen.

3. Wenn Du ständiges Lernen als Deine Aufgabe annimmst, kannst Du auch aus negativen Erfahrungen immer etwas Positives mitnehmen.

5

Je größer Dein Haus, desto größer Deine Mühen oder: die »F-Frage«

Irgendwann, wenn wir unser Kinderzimmer, die Studentenbude, das WG-Zimmer oder die erste Mini-Wohnung hinter uns gelassen haben und unseren (beruflichen) Weg mehr oder weniger klarsehen, spätestens aber wenn wir eine Familie gründen möchten, kommt die Sehnsucht: Nach einer größeren Wohnung oder einem eigenen Haus, vielleicht sogar im Eigentum statt zur Miete.

Ein solches »Nest« bauen zu wollen, liegt in unserer Natur, und der Wunsch danach eint die meisten von uns. Leider aber wird es immer schwieriger, ihn zu verwirklichen: Die Immobilienpreise steigen unaufhörlich; jeder Quadratmeter mehr wird – gerade in den Städten – zum Zünglein an der Waage im Hinblick auf die Finanzierbarkeit.

Dummerweise liegt es manchmal in unserer Natur, dass wir uns im Überschwang der Wunschvorstellungen und Sehnsuchtsbilder in unseren Köpfchen übernehmen. Eine Nummer zu groß denken. Und eines Tages mit Verpflichtungen dastehen, die uns überfordern oder unter Druck setzen und uns innerlich seufzen lassen: »Hättste mal doch ein bisschen länger überlegt vorher. Oder ein bisschen kleiner gedacht.« Zuletzt haben uns die Corona-Pandemie und der Krieg um die Ukraine gezeigt, wie verletzlich unsere Infrastruktur, unser Alltag und unser Lebensstandard durch Unvorhergesehenes sein können. In diesem Spannungsfeld der eigenen Balance nachzuspüren, um die richtigen Entscheidungen treffen zu können – darum geht es in diesem Kapitel.

Wer Kinder hat, einem Haustier ein Zuhause gibt oder als Selbstständige/r tätig ist, weiß: Die Verantwortung, die wir übernehmen, macht keinen Urlaub. Sie nimmt uns auch dann in die Pflicht, wenn wir eigentlich gerade eine Pause bräuchten. Kinder benötigen immer Liebe und Aufmerksamkeit; Haustiere wollen laufend Zuneigung, Futter und gute Pflege; der Rasen rund um das Haus wird weiterwachsen, und er will gemäht werden. Oder das Laub gekehrt. Oder der Schnee geschippt. Oder die Regenrinne gereinigt. Oder, oder, oder.

Von diesen Verpflichtungen vollständig emanzipieren können wir uns in der Regel nicht. In manchen Fällen können wir uns zwar für einen gewissen Zeitraum Erleichterung verschaffen, indem wir Tätigkeiten delegieren und jemanden bezahlen, der sie für uns erledigt. Eine wirkliche Befreiung ist das aber nicht, denn wir müssen uns dies erst einmal leisten können, und das wiederum schaffen wir in der Regel nur durch die eigene Mehrarbeit. Soziale und wirtschaftliche Verbindlichkeiten hat jede und jeder von uns, sobald wir, ob allein oder innerhalb einer Gemeinschaft, einen Haushalt führen; das liegt in der Natur des Daseins.

Aber eine wichtige Erkenntnis ist doch, und das ist die gute Nachricht: Wir können zumindest in einem gewissen Rahmen darüber entscheiden, wie umfassend diese Verpflichtungen dauerhaft sein sollen – und inwieweit wir unser Leben diesen Verpflichtungen, ob dauerhaft oder zeitweise, unterordnen wollen. Die Entscheidung hierüber beginnt mit dem Beantworten von Fragen. Und sie erfordert das Setzen von Prioritäten, über die wir uns im Klaren sein sollten, bevor wir bindende Entschlüsse fassen.

Einige dieser Fragen könnten zum Beispiel lauten: Will ich leben, um zu arbeiten – zum Beispiel, weil ich all meine Leidenschaft, Energie und viel Lebenszeit in jene Tätigkeiten legen möchte, die mir am Herzen liegen? Vielleicht auch, weil es mir wichtig ist, einen gewissen Wohlstand zu erwirtschaften?

Oder will ich eher arbeiten, um zu leben; suche also zuvorderst nach einem Lebensmodell, das mir zwar ein Überleben sichert, aber nach Feierabend einen freien Kopf lässt und genügend Flexibilität, um meinen privaten Leidenschaften nachzugehen oder viel Zeit mit meinen Kindern zu verbringen?

Wenn es um eine Entscheidung bezüglich der geeigneten Wohnform geht, kann eine der Fragen auch lauten: Wie ist es denn bei mir mit dem Reisen; wie viel von der Welt möchte ich noch auf eigene Faust entdecken? Oder sehne ich mich vielmehr nach dem Zufluchtsort zum Einigeln und einer eigenen kleinen Welt? Und falls ich beide dieser Wünsche in mir spüre, sowohl den nach der Entdeckung der Welt als auch jenen nach dem Nest – wie kann ich sie so vereinen, dass weder der eine noch der andere zu kurz kommt?

Letztendlich geht es bei diesen Fragen um ein übergeordnetes Motiv. Dieses Motiv bezeichne ich als die »F-Frage«, die Frage nach der eigenen Definition von Freiheit: Was bedeutet »Freiheit« für mich persönlich? Wie kann ich mit ihrer Hilfe meiner Idee eines selbstbestimmten Lebens so nahe kommen wie nur eben möglich? Welche Möglichkeiten habe ich, um meine Vorstellung von »Freiheit« in meinem Leben umzusetzen, oder wie kann ich mir neue Möglichkeiten aneignen? Und worauf muss ich für »meine« Form der Freiheit vielleicht verzichten – Stichwort Sicherheit zum Beispiel?

Die Binsenweisheit »Man kann nicht alles haben!« hat in der Beschäftigung mit dem Motiv der Freiheit ihre Daseinsberechtigung: Sie lehrt uns Kompromissfähigkeit sowie die Notwendigkeit einer gewissen Pragmatik. Jede und jeder von uns hat eine eigene Vorstellung von der persönlichen Freiheit; dieser Umstand verkompliziert unser Zusammenleben. Aber das Wissen darum, dass eben jeder sie anders definiert, hilft uns bei der Modellierung einer Gesellschaft, deren Mitglieder ihre Freiheiten im Rahmen gewisser Grenzen (aus)leben können. Und das Nachdenken über die eigene Definition von Freiheit hilft uns, auch jene Vorstellungen von Freiheit, die sich von unserer eigenen unterscheiden, anzuerkennen und zu respektieren.

Manchmal reicht es schon, wenn wir uns bewusst die Frage stellen, wie die jeweilige Idee von Freiheit in einer anderen Person entstanden sein könnte. Jemand, der von anderen abfällig als »materialistisch« bezeichnet werden mag, weil er sich von oben bis unten in überteuerte Kleidung hüllt oder anderweitig Reichtum zur Schau trägt, hat vielleicht lange im Mangel gelebt. Die Vorstellung von Freiheit dieser Person könnte es also sein, genau diesen Mangel abgestellt zu haben und dies dem Rest der Welt jetzt auch zeigen zu können. Wer den Mangel und seine Auswirkungen nie kennengelernt hat, der mag eher Gefahr laufen, in einem solchen Fall »Angebertum« zu diagnostizieren als jemand, der sich in die Situation desjenigen hineinversetzen kann, welcher den Mangel überwunden hat. Unsere Anmaßung, das Verhalten oder das Tun anderer zu bewerten, entspringt oft keinem Wissen. Sie entspringt vielmehr unserem Wunsch, uns zu positionieren – dabei nehmen wir auch in Kauf, dass diese Positionierung lediglich unsere persönliche eingeschränkte Sichtweise berücksichtigt.

Jemand, der sich in der Mitte seines Lebens umorientiert und plötzlich vom Karrieremenschen zum Aussteiger mutiert, hat vielleicht lange unter großem Druck gelebt, ohne seiner persönlichen »F-Frage« ausreichend Aufmerksamkeit zu widmen. Irgendwann aber passiert es, und die »F-Frage« bahnt sich unerbittlich ihren Weg durch unseren Geist, unser Herz und manchmal auch unseren Körper. Oft geschieht das in der gefühlten »Lebensmitte«, wenn wir uns fragen, ob das denn nun wirklich schon alles war oder ob wir unser Leben wirklich so führen, wie wir es uns wünschen. Ist die Schere zwischen der gelebten Realität und den eigentlichen Bedürfnissen und Wünschen zu groß, zwingt uns der Körper vielleicht sogar dazu, dass wir uns der »F-Frage« endlich stellen und in der Konsequenz unser Leben und unsere Prioritäten ändern.

Je sorgfältiger wir also die eigene Antwort auf die »F-Frage« von vornherein erarbeiten, desto besser kann es uns gelingen, nachhaltig selbstbestimmt zu leben. Und desto seltener werden wir Entscheidungen treffen, die uns für den Moment als erstrebenswert erscheinen, irgendwann aber vom erfüllten Wunsch zur Belastung und damit zum Bumerang werden.

»Geld kostet Geld, Arbeit macht Arbeit, und Eigentum verpflichtet«: Diese Erkenntnis war für meine persönliche Weiterentwicklung ein Leuchtturm und entscheidend für den Umzug vom großstädtischen, bestens ausgestatteten »Bungalow voller Annehmlichkeiten« in ein altes, windschiefes Fachwerkhaus auf dem Land. Die Entscheidung für diese Veränderung traf ich 2017; damals war »Corona« noch nicht mehr als ein mexikanisches Bier, das man mit einem Limettenschnitz im Flaschenhals serviert. Aber mir war bereits bewusst geworden, dass mein alltägliches Dasein nicht (mehr) übereinstimmte mit meiner Vorstellung von einem selbstbestimmten Leben.

Der »Bungalow voller Annehmlichkeiten« strengte mich plötzlich an, statt mir als Zufluchtsort zu dienen und Kraft zu verleihen, und ich erkannte: Die Verantwortung, zu der ich mich einige Jahre zuvor freudestrahlend verpflichtet hatte, war auf Dauer zu groß. Sie war nicht dauerhaft vereinbar mit meinem Wunsch nach dem Dasein als freischaffende Künstlerin und nach finanzieller Unabhängigkeit. Auch musste ich mir eingestehen, dass ich zur Arbeitgeberin nicht tauge, denn die damit verbundenen Aufgaben hielten mich davon ab, kreativ zu sein. Sie machten mich mittlerweile unglücklich; ebenso wie die Großstadt, deren unablässiges Gewirr meine Inspiration zusätzlich lähmte.

Die entsprechende Korrektur einzuleiten – also das Dasein als Arbeitgeberin zu beenden, finanzielle Verpflichtungen zu reduzieren, die Stadt gegen das Dorf einzutauschen und den »Bungalow voller Annehmlichkeiten« gegen die zugige Antikbude, deren Hauptwärmequelle bis heute die Feuerstelle ist und in der ich deshalb durch körperlichen Einsatz selbst dafür sorgen muss, es muckelig zu haben –, war letztlich ein Prozess der Befreiung. Auch wenn dieser das gesamte Leben auf den Kopf gestellt hat: Die Reaktionen meines Umfeldes reichten von mildem Kopfschütteln bis zu offenem Entsetzen und Ablehnung.

Nach drei Jahren Corona, den pandemiebedingt veränderten Arbeitsbedingungen für Kulturschaffende sowie all dem, was darauf noch folgte, ist meine Dankbarkeit, damals mehr auf mein »Innen« als auf das »Außen« gehört zu haben, größer denn je. Ich bin mir meiner Sache nunmehr sicher: Mehr Geld verdienen zu wollen als für ein recht einfaches tägliches Auskommen notwendig ist kein Teil meiner individuellen Antwort auf die »F-Frage«; selbstbestimmtes Arbeiten und niemandem Rechenschaft schuldig zu sein hingegen sind ein sehr großer Teil meiner Antwort.

Auch weiß ich heute: In Sachen »Eigentum« ist der Weg von »Besitzerstolz« zu »Belastung« oft erschreckend kurz, weshalb mein Herz nur noch begrenzt daran hängt. Selbst wenn die Liebe zu diesem zauberhaften alten Kasten, den ich derzeit noch bewohnen darf, groß ist und täglich wächst: Mit den Füßen nach vorn wird man mich hier (hoffentlich) nicht raustragen. Die Vernunft flüstert mir schon jetzt ins Ohr: Irgendwann wird es an der Zeit sein, das historische Gemäuer in die Hände einer nächsten Generation zu geben, die sie mit neuem Leben füllt und die frische Kraft hat, der damit verbundenen Verantwortung und Anstrengung nachzukommen. Wenn alles gut läuft, werde ich auch in diesem Fall die Entscheidung wieder selbstbestimmt treffen – also bevor Notwendigkeiten sie erzwingen.

Falls bei Ihnen in der Zukunft eine räumliche Veränderung ansteht und Sie darüber nachdenken, sich zu vergrößern oder Eigentum anzuschaffen, dann vernachlässigen Sie Ihre eigene Antwort auf die »F-Frage« nicht, bevor Sie eine Entscheidung fällen: Hören Sie auf Ihr »Innen«, und nehmen Sie sich gezielt die Zeit dafür!

Letztere ist eines der wertvollsten immateriellen Güter, die wir besitzen. Sich Gedanken darüber zu machen, wie und womit wir diese Zeit auf lange Sicht verbringen möchten, kann also nicht schaden. Je älter wir werden, desto schneller vergeht auch unsere Zeit; das ist reine Mathematik. Es bedeutet aber auch: Was uns heute noch eine große Freude ist, kann uns schneller zur Belastung werden, als wir es uns momentan vorstellen können.

Bewusst in Erlebnisse zu investieren statt in Besitz kann von diesem Blickwinkel aus betrachtet die größere Bereicherung sein. Kennen Sie diese Leute, die bei einer Kulturveranstaltung oder auf einer Sightseeing-Tour so sehr mit Fotografieren oder Filmen beschäftigt sind, dass sie den Moment gar nicht aufmerksam verfolgen, geschweige denn genießen können – ? Mit dem Leben an sich ist es manchmal ähnlich!

Falls Sie von Luxus träumen und in diesen investieren möchten: Das ist Ihr gutes Recht, und wenn Sie sich dafür entscheiden, sei es Ihnen von Herzen gegönnt. Übersehen Sie nur nicht, im Vorfeld zu erkunden, ob der Wunsch nach Luxus oder dem »bisschen mehr« wirklich Teil Ihrer Antwort auf die »F-Frage« ist. Auch mit Luxusgütern und erst recht mit einem ganzheitlich opulenteren Lebens- bzw. Wohnstil gehen zusätzliche Verpflichtungen einher. Selbst wenn wir diese zu Beginn, wenn der Wunsch nach »etwas mehr« in uns aufkommt, noch gar nicht sehen (wollen): Wer »groß«, »technisch up-to-date« und/oder »schick« möchte, der schafft sich neue Verbindlichkeiten an, und auch die Aufrechterhaltung eines Ist-Zustandes kostet Mühe, Zeit, Geld und Kraft. Behalten Sie gleichsam im Hinterkopf, dass etwas abzuwickeln oder loszuwerden genau so mühsam sein kann wie etwas aufzubauen – nur dass der Prozess der Abwicklung schmerzen kann und uns oft sehr viel schwerer fällt.

Ach ja, falls Sie mit dem Gedanken spielen, Ihr Zuhause zu einem appgesteuerten »Smart Home« zu machen: Bedenken Sie, in welche Abhängigkeiten Sie sich damit begeben, und dass auch solche Anwendungen der Wartung, Aufmerksamkeit und immer mal wieder Updates bedürfen, wenn sie reibungslos funktionieren sollen. Manchmal verlieben wir uns in makellose Theorien und verwechseln diese mit dem echten Leben – womit sich der Kreis dieses Kapitels schließt. Ich wünsche Ihnen von Herzen, dass Sie die für Sie richtige Antwort auf die »F-Frage« zur rechten Zeit finden!

Lektion 5 auf der Coaching-Couch:

Fragen zum Wohnfühlen

1. Falls ich eine Vergrößerung plane oder für notwendig erachte: Welche Gründe liegen dafür vor, und halten diese einer objektiven Überprüfung stand?

2. Von der Wohnung zum eigenen Haus: Bin ich mir der Belastung bewusst, die ein solcher Wechsel mit sich bringt? Habe ich zur Beurteilung dieser Belastung nicht nur das Gebäude an sich im Blick, sondern ggf. auch Gartenteile oder Nebengebäude? Habe ich die Zeit und die körperliche Kraft, diese Belastungen zu stemmen – oder die wirtschaftlichen Mittel, im Ernstfall jemanden dafür zu bezahlen?

3. Stichwort »Smart Home«: Bin ich der modernen Haustechnik, die ich anzuschaffen plane, gewachsen? Ist sie tatsächlich sinnvoll, und würde ich ihre Möglichkeiten auch voll ausschöpfen, oder bin ich nur verliebt in ihr Potenzial?

Lektion 5 auf der Coaching-Couch:

Leitsätze fürs Leben

1. Deine Zeit ist eines der wertvollsten immateriellen Güter, die Du besitzt. Sei Dir im Klaren darüber, wie und womit Du sie verbringen möchtest. Investiere ausreichend Zeit in die Beschäftigung mit der »F-Frage«.

2. Je älter Du wirst, desto schneller vergeht die Zeit. Bedenke, dass in der Zukunft zur Belastung werden kann, was Dir heute noch eine Freude ist.

3. Arbeit macht Arbeit, Geld kostet Geld, und Eigentum verpflichtet. Überlege Dir gut, welche Verantwortlichkeiten Du übernehmen willst – und denke daran, dass etwas rückabzuwickeln genau so anstrengend sein kann wie es aufzubauen.

6

Befreie Dich vom Blick der »anderen«

Auch wenn es ein wunderbares Kinderbuch gibt, das in seinem Titel das Gegenteil behauptet[4]: Niemand von uns ist eine Insel. Wir alle sind eingebunden in zahlreiche soziale Geflechte, ob wir das wollen oder nicht. Mal sind wir Familienmitglied, mal Verkehrsteilnehmer; mal Verbraucher oder Konsumentin; mal sind wir Chefin, Mitarbeiter oder Kollege; mal sind wir Bürger oder Steuerzahlerin; mal sind wir Bekannte und manchmal sogar Freundin oder Freund.

In allen unseren sozialen Geflechten kommen uns unterschiedliche Rollen, Aufgaben, Pflichten oder Rechte zu, und in jedem unserer sozialen Geflechte sind wir in irgendeiner Form abhängig davon, dass auch die anderen sich an Regeln, Gesetze, Vorschriften, moralische Vorstellungen, Verpflichtungen oder den »common sense«, den so genannten »gesunden Menschenverstand«, halten.

Sich vom Blick der »anderen« zu befreien, wie es die Überschrift dieses Kapitels plakativ fordert, ist also keine leichte Übung, ja teilweise sogar unmöglich. Denn sich vollkommen unabhängig zu machen von der Beobachtung, der Meinung und dem Einfluss anderer Menschen würde letztendlich bedeuten, sich aus einer Gesellschaft oder Gemeinschaft komplett zurückzuziehen – aber dafür, in diesem Sinne völlig autark zu sein, sind wir Menschen gar nicht gemacht. Stattdessen sehnen wir alle uns nach Anerkennung, einem Platz in der Gruppe oder Familie, nach Liebe und nach Geborgenheit, nach einer auch aus der Sicht unserer Mitmenschen relevanten Aufgabe und nach dem berühmten »Gesehenwerden«. Gleichermaßen aber verzehren wir uns auch nach unserem persönlichen Glück sowie danach, uns in irgendeiner Form von den anderen abzugrenzen: etwas Besonderes zu sein und unverwechselbar – eben nicht nur »eine/r von vielen«. Unser persönliches Glück finden

---

[4] Mark Janssen: Ich bin eine Insel, FISCHER Sauerländer, 2019

wir nur schwer, wenn wir es ausschließlich in der Anerkennung anderer Menschen oder in der (vermeintlichen) Zugehörigkeit zu einer Gruppe suchen. Die Chancen, dieses Glück zu finden, steigen jedoch dann, wenn wir auch wissen, was uns von den anderen unterscheidet und was uns als Individuum ausmacht.

Wenn Sie darin jetzt einen Widerspruch sehen, dann – haben Sie leider völlig recht! Aber schon erhöhte Aufmerksamkeit und Besinnung tragen dazu bei, dass wir bestimmte Mechanismen besser verstehen und somit zu unseren Gunsten kontrollieren oder gar steuern können. In diesem Kapitel soll es darum gehen, wie wir dem Spagat zwischen dem Wunsch nach Individualität und dem Bedürfnis nach Zugehörigkeit bewusster begegnen können.

Eine wichtige Rolle dabei spielen Vergleiche mit anderen und wie wir mit diesen umgehen: Nutzen wir diese produktiv zur Inspiration, oder nutzen wir sie eher destruktiv zur Bewertung und Beurteilung von anderen und uns selbst? Dass wir uns laufend mit anderen vergleichen, liegt in unserer Natur. Uns mit Hilfe dieser Vergleiche – ob bewusst oder unterbewusst – wahlweise gedanklich über andere zu erheben oder selbst zu erniedrigen, ist menschlich. Es ist aber nicht zielführend, denn es verhindert die Konzentration auf unseren eigenen inneren Kern.

Wir können versuchen, diesen Automatismus zu unterbrechen, indem wir verstehen und akzeptieren, dass alles relativ ist. Unsere Vergleiche entspringen keiner objektiven Wirklichkeit, sondern allein unserer subjektiven Wahrnehmung anderer Menschen, und diese lässt selten mehr zu als einen flüchtigen Blick durchs Schlüsselloch. Auch wenn andere es in unseren Augen vermeintlich leichter, besser oder schöner haben als wir: Ob das wirklich stimmt, wissen wir nicht, denn wir stecken weder im Kopf noch im Körper, weder in der Vergangenheit noch im gegenwärtigen Leben dieser anderen. Wenn wir Vergleiche zur Inspiration nutzen, so kann uns das beflügeln und motivieren. Wenn aus diesen aber Neid oder Missgunst erwachsen, dann entstammt das niemals dem vermeintlichen »Glück« oder der scheinbaren »Begünstigung« der anderen, sondern allein unserer eigenen Unzufriedenheit, und diese können wir letztendlich niemand anderem vorwerfen als uns selbst.

Unseren eigenen Umgang mit Vergleichen können wir durch unsere Denkweise also beeinflussen. Umgekehrt funktioniert das nicht so gut:

Wir können kaum verhindern, dass andere uns vergleichen und im Zuge dessen bewerten oder beurteilen. Wir können aber zwei Einsichten verinnerlichen, die uns den Umgang mit dieser Tatsache erleichtern. Zum ersten: Es gibt einen großen Unterschied zwischen konstruktiver, dem Grunde nach fördernder Kritik von Menschen, die uns nahestehen und uns Gutes wünschen, und dem Abwatschen durch jene, die sich rein um des Bemängelns willen zu Wort melden.

Zum zweiten: Allen recht machen können wir es sowieso nicht. Egal, was wir tun; egal, wie gut unsere Absichten sind; egal, wie wir uns reinhängen – es wird immer jemanden geben, der oder dem es nicht recht ist. Der oder die meckern wird. Uns angreift, schlecht über uns redet oder behauptet, er/sie hätte das alles ganz anders und sowieso noch viel besser gemacht. Interessanterweise sagen das am häufigsten genau diejenigen, die eben gar nichts gemacht haben und auch nicht planen, dies in Zukunft zu tun. Sie kennen das vermutlich.

Wenn ich mir aber dessen bewusst bin, dass ich es sowieso niemals allen recht machen kann, dann sollte ich gleich von Beginn an dafür sorgen, dass es für mich recht ist. Alles andere wäre nicht nur unlogisch, sondern geradezu schwachsinnig. Und: Wer damit nicht zurechtkommt, dass ich meine Entscheidungen aus dem Anspruch heraus treffe, es mir selbst recht zu machen, der wird mein Leben eh nicht dauerhaft bereichern können.

Um sich dieses Prinzip als Handlungsmaxime anzueignen und das Gerede anderer gekonnt zu überhören, braucht es viel Souveränität. Wichtige Werkzeuge auf dem Weg dorthin sind Gleichmut und Gelassenheit: Gleichmut, was die Meinung anderer zu uns selbst betrifft. Und Gelassenheit, was unsere eigene Meinung zu anderen betrifft.

Mit Hilfe dieser beiden »Gs« können wir es trainieren, das Gerede anderer leichter zu nehmen: Indem wir diese anderen nicht wichtiger nehmen, als sie für ihren konkreten Einfluss auf unser Leben tatsächlich sind, reduzieren wir die Macht des Geredes. Dafür heißt es allerdings, genauer hinzuschauen und sich darüber bewusst zu werden, woraus unsere Beziehung zu »den anderen« überhaupt besteht und wie sie gestaltet ist. Wenn wir uns diese Mühe machen, stehen die Chancen gut, zu erkennen: Vielleicht gibt es gar keinen vernünftigen Grund, sich das Gerede überhaupt zu Herzen zu nehmen. Die Antwort auf die Frage danach, was es für konkrete Folgen haben könnte, wenn der oder die andere diese oder jene unliebsame Meinung zu mir hat, lautet nämlich oft: Gar keine. Jedenfalls solange ich dazu in der Lage bin, es schlicht auszuhalten, dass diese Meinung existiert.

Dabei hilft die Besinnung darauf, dass niemand auf der Welt ist, um von allen geliebt zu werden. Sofern wir dies nicht nur für uns selbst beanspruchen, sondern auch allen anderen zugestehen, sind wir den wichtigsten Schritt auf dem Weg zur Selbstbestimmung bereits gegangen. Die Einfältigkeit von anderen nicht zu unserem eigenen Problem zu machen, ist zwar eine Kunst, die geübt werden will – aber Gleichmut und Gelassenheit sind dafür die besten Instrumente.

Albert Einstein soll einmal gesagt haben: »Der Hauptgrund für Stress ist der tägliche Umgang mit Idioten.«[5] Ganz gleich, wer diesen Spruch tatsächlich aus der Taufe gehoben hat: Recht hat er. Oder sie. Letztendlich ist es unsere eigene Ausgeglichenheit, die wir riskieren, wenn wir den Idioten zu viel Aufmerksamkeit schenken. Die Idioten werden wir dadurch nicht zu klügeren Menschen machen. Jedoch erhöhen wir sie in ihrer Bedeutung und erreichen somit genau das Gegenteil dessen, was wir eigentlich beabsichtigen.

Statt uns mit Idioten zu beschäftigen, sollten wir also lieber trainieren, dummes Gerede zu reduzieren: Indem wir davon selbst keinen Gebrauch machen und den anderen spiegeln, dass wir dieses nicht wertschätzen. Sich vom Blick der anderen freizumachen ist keine Einbahnstraße. Es funktioniert nur, wenn wir wiederum auch die anderen von unserem Blick befreien.

Das bedeutet nicht, dass wir ab sofort zu totalen Egoisten mutieren sowie Empathie und Fürsorglichkeit im Schrank einschließen sollen oder uns keine Sorgen mehr über Menschen machen dürfen, die uns wichtig sind. Es bedeutet vielmehr, dass wir genau das an unseren Mitmenschen üben, was wir uns auch von ihnen wünschen: Nicht vorschnell zu urteilen. Keinen überflüssigen Senf zu etwas dazuzugeben, das einen nichts angeht oder wovon man nur wenig weiß. Äußerungen, die nichts Konkretes zur Verbesserung der Lage oder zu einer Problemlösung beitragen, sondern nur um ihrer selbst willen getätigt werden, stehen keinem von uns gut, und sie bringen auch niemanden weiter.

---

[5] https://falschzitate.blogspot.com/2018/12/der-hauptgrund-fur-stress-ist-der.html

An uns selbst zu arbeiten ist gut; uns an anderen abzuarbeiten, dürfen wir uns hingegen sparen. Denn wenn wir über einen Menschen reden, in dessen Haut wir nicht stecken und dessen Weg wir nicht in persona gegangen sind, dann ist es naheliegend, dass unsere Meinung auf einem unvollständigen Bild beruht, welches ein Urteil nicht rechtfertigt. Wir dürfen diese Meinung dann gern für uns behalten. Kennen Sie diesen schönen Spruch: »Wenn man keine Ahnung hat, einfach mal – Klappe halten?« Ich liebe ihn – nur wenden wir ihn viel zu selten an!

Falls uns also demnächst mal wieder eine Äußerung über andere in deren Abwesenheit auf den Lippen liegen sollte: Halten wir kurz inne, bevor wir diese Äußerung mit anderen teilen, und versuchen wir bewusst darüber zu entscheiden, ob das, was wir sagen möchten, angemessen sowie frei von Bewertung ist. »Erst denken, dann reden« hilft tatsächlich! Und wir können es trainieren, unserem Impuls der (vor)schnellen Reaktion nicht ohne Reflexion nachzugeben.

Es gibt einen einfachen Trick, dessen ich mich dabei bediene: Bevor ich etwas zu jemandem anmerke, der sich nicht im gleichen Raum befindet, überlege ich kurz, ob meine Aussage auch in Anwesenheit dieser Person adäquat oder zielführend wäre. Diese Vorgehensweise habe ich so ausdauernd geübt, dass sie mir mittlerweile zum Automatismus geworden ist; das hält meine Zunge im Zaum und den Impuls in Schach. Oft stelle ich dabei fest, dass es sinnvoller ist, nichts zu sagen: Meine Gedanken sind frei, aber indem ich sie ausspreche, gebe ich ihnen ein Gewicht und stelle sie als Auslage in die Welt. Worte lassen sich nicht zurückholen! Manchmal hilft mir auch die Vorstellung, dass jemand das Gespräch mitschneidet und es mir nächste Woche vorspielt. Wäre ich dann immer noch damit einverstanden, was ich gesagt habe?

Ebenso wie wir uns selbst darin üben können, nicht alles gleich rauszuhauen, was uns so durch den Kopf geht, dürfen wir auch anderen mit Stille begegnen, wenn uns deren Gebaren nicht geheuer ist: Wollen Klatschweiber, Schnellverurteiler, Schadenfrohe und Gerüchteköche uns mal wieder die skandalösesten Neuigkeiten oder Lästereien servieren – wir können selbstbestimmt darüber entscheiden, ob wir uns darauf einlassen oder nicht. Ein freundliches, aber bestimmtes »Das möchte ich nicht hören!« ist in diesem Zusammenhang immer für eine Überraschung gut. Oder einfach schweigen; dann ist meistens schneller Ruhe im Karton, als bild.de eine neue Schlagzeile hochgeladen hat. Versuchen Sie's mal, Ihr Gegenüber wird verdutzt sein! Ich persönlich setze diese Maßnahmen vor allem dann ein, wenn mir jemand Schadenfreude als Besorgtheit verkaufen will. Die wenigsten, die dies versuchen, haben ihre Gesichtszüge währenddessen glaubhaft unter Kontrolle, und mit ein wenig Übung können wir die Schadenfreude von der ehrlichen Besorgtheit zu unterscheiden lernen.

All diese Gedanken können wir, übertragen auf das »Wohnfühl-Prinzip«, auch bei unseren ganz praktischen Entscheidungen zur Hilfe nehmen: Ob wir ein neues Möbelstück aussuchen wollen oder überlegen, ob diese Wohnung wirklich die richtige für uns ist – immer gibt es eine ganze Mannschaft voller »Beiköche«, die an unserem Süppchen mitzukochen versuchen.

Und die Liste ist lang! Da sind Verkäuferinnen und Verkäufer, so genannte »Influencer«, Marketingexperten und Markenbotschaften; redaktionelle Beiträge und Werbung auf allen Kanälen, oft kaum noch voneinander zu unterscheiden; Familienmitglieder, Bekannte, KollegInnen, FreundInnen und sogar FeindInnen; die »Trends« und Modeerscheinungen; unser Wunsch nach Anerkennung, Zugehörigkeit und danach, »up-to-date« zu sein, und, und, und. Die Herausforderung besteht darin, trotz all dieser »Beiköche« die für uns selbst richtige Rezeptur zu finden und uns an diese Rezeptur auch zu halten, ohne uns vom Wesentlichen ablenken oder gar zu einem ärgerlichen Impulskauf hinreißen zu lassen.

Und da sind wir wieder bei der Gelassenheit und beim Gleichmut: Nehmen wir es gelassen, dass all diese Instanzen es – mal subtil durch die Hintertür, mal ganz offen und marktschreierisch – versuchen, sich in unsere Entscheidungsprozesse einzumischen, ohne dass wir sie explizit dazu aufgefordert oder gar freundlich eingeladen haben. Es gehört nun mal irgendwie dazu, und für manche dieser Instanzen ist das schlicht ihr Job. Lassen wir sie diesen Job ruhig machen, aber das heißt nicht, dass wir nach ihrer Pfeife tanzen müssen: Mit ein wenig (mehr) Gleichmut gegenüber dem, was man (angeblich) so macht, was gerade angesagt ist, was uns (scheinbar) das Leben erleichtert oder was man genau jetzt unbedingt braucht, perlen die eine oder andere subtile oder offene Werbebotschaft und auch der eine oder andere (vermeintliche) Anspruch ganz gut an uns ab. Dafür müssen wir uns nur immer wieder bewusst vor Augen führen, dass wir in den meisten Fällen die Freiheit haben, unsere Entscheidung selbst zu treffen. Wir sollten lediglich die Kriterien kennen, nach denen wir diese fällen wollen.

Was Trends betrifft: Diese sind für die Verkaufsindustrie willkommene Werkzeuge, um uns bei unserem Wunsch nach dem »Dazugehören« und dem »Dabeisein« zu packen und uns nahezu unbemerkt das Geld aus der Tasche zu ziehen. Bezüglich dieses Mechanismus haben wir Konsumenten mittlerweile einen Vorteil: Mode zum Beispiel ist heute so divers, dass wir mit nahezu jedem Kleidungsstil als hip und sophisticated durchgehen können, solange wir uns nur selbstbewusst genug darin bewegen und präsentieren.

Anders als früher können wir von der Kleidung und Gesamterscheinung nicht mehr zwingend auf Status oder Schichtzugehörigkeit schließen, und das ist gut so. Unterm Strich fördert auch das die persönliche Freiheit jedes einzelnen. Das dürfen wir genießen, und wir dürfen es auch nutzen, um uns von textilen oder ledernen Statussymbolen zu verabschieden sowie von Trendvorgaben zu befreien. Ich versuche Ihnen nicht einzureden, dass Sie sich keine neuen Klamotten gönnen dürfen oder bis ins Jahr 2040 mit der alten Ware aus den 80ern herumlaufen müssen. Aber nehmen wir an, Sie täten es, und zwar konsequent und mit Selbstbewusstsein: Sie gälten eher als Vorreiter oder Trendsetterin denn als altmodisches Unikum, das keine Ahnung hat. Lediglich Kittelschürze und Gamaschen sind bis heute noch nicht wieder in, aber ganz ehrlich: Wenn Sie mich fragen, ist auch das nur eine Frage der Zeit.

Trends mit ihren immer wiederkehrenden Anleihen an zurückliegende Dekaden sind durch die Digitalisierung und die daraus folgende ständige Abrufbarkeit des Vergangenen berechenbar, teilweise sogar beliebig geworden. Manche von uns fühlen sich durch Trends mittlerweile gelangweilt (ich kenne da jemanden!); zumindest bis irgendein Trendforschungsinstitut die Schrulle, Trends zu ignorieren, zum neuen Trend kürt (kann nicht mehr lange dauern. Hinweise, falls schon geschehen, bitte mitteilen!). – Ob wir bei dieser These mitgehen wollen oder nicht: Je besser wir uns selbst sowie unsere wahrhaftigen Bedürfnisse kennen und je mehr wir in unserem Innen ruhen, statt dem Außen den Vorzug zu geben, desto geringer ist der Einfluss so genannter »Trends« auf unser Konsumverhalten und damit auch auf unsere Lebensgestaltung.

Im Bereich »Wohnen & Einrichten« sind Trends für unseren Alltag noch viel weniger entscheidend als in der Mode. Zum einen, weil wir unsere Wohnungseinrichtung im Gegensatz zu unserem Outfit nicht auf der Straße herumtragen und diese somit nicht dem Blick von anderen aussetzen, die wir nicht mal persönlich kennen. Und zum zweiten, weil Investitionen in unsere eigenen vier Wände in der Regel kostspieliger, deshalb langfristiger angelegt sind und somit länger überleben (müssen) als nur eine Modesaison. Oder kennen Sie jemanden, der alle paar Monate malert, um auch wirklich die aktuelle Farbe aus der angesagtesten Kollektion an der Wand zu haben?

Ich nicht, und selbst von einer Wohnexpertin darf das niemand erwarten. Auch im Bereich »Wohnen« ist es mittlerweile der Stilmix aus Alt und Neu, Vintage und Moderne, Design und Nippes, charmant-nachhaltigem Upcycling und ausgefeilter Technik, der sich mehr und mehr durchsetzt und für Lässigkeit steht statt für Perfektion, die viele von uns doch zumindest teilweise satthaben.

Wenn wir von jenen Beiköchen sprechen, die wir »Verkäufer« nennen, so ist diesen mit besonderer Vorsicht zu begegnen: Nicht immer können wir uns bei Angehörigen dieser Spezies ganz sicher sein, dass sie tatsächlich das Beste für uns und unsere Bedürfnisse empfehlen. Gerade bei größeren Investitionen sollte es uns mittlerweile in Fleisch und Blut übergegangen sein, ein zweites Angebot einzuholen oder vor einer Entscheidung eine Alternative anzuschauen.

An dieser Stelle dennoch ein leidenschaftlicher Einwurf bezüglich der »Verkäuferfrage«: Lassen Sie mich bitte eine Lanze für das inhabergeführte Möbelgeschäft vor Ort sowie den lokalen Küchenbauer brechen. Viele dieser Häuser werden seit Generationen mit unternehmerischer Hingabe und Liebe zum Thema geführt. Ihr Verkaufspersonal hat nicht nur das Interesse, zu einem für beide Seiten nachhaltig erfolgreichen Kaufabschluss zu gelangen. Es verfügt auch über die Kompetenz, das Fachwissen sowie jene Geduld, die vonnöten sein kann, wenn die anstehende Entscheidung kostspielig ist und die Auswahl groß. Die Kollegen dort wissen darum, wie schwer es sein kann, eine solche Entscheidung zu fällen, und sie sind darin geschult, Sie auf dem Weg dorthin bestmöglich zu begleiten und zu beraten. Dazu ist es für Sie von unschätzbarem Vorteil, hier vor Ort die Dinge wirklich anfassen und ausprobieren sowie in unterschiedlichen Ausführungen, Positionen oder Lichtverhältnissen genauer anschauen zu können.

Beim Einkaufen im Netz bleibt Ihr Blick trotz aller technischen Möglichkeiten eingeschränkt, und im Onlineshop bestimmt jemand anders jene Perspektive oder jene Ausleuchtung, in der Sie Ihr Wunschprodukt zu Gesicht bekommen. Auch die tollsten 3D-Ansichten und die detailliertesten Zooms ersetzen nicht das haptische Erleben, und dazu, sich vom Blick der anderen zu befreien, gehört immer auch, sich ein eigenes Bild zu machen. Nutzen Sie das für sich, und lassen Sie sich bitte nicht im lokalen Möbelhaus beraten, um dann für ein paar Euro weniger im Internet zu bestellen – das wäre geradezu unanständig. Wer sich persönliche, kompetente und zugewandte Beratung auf Augenhöhe wünscht, der bekommt diese nicht zum knapp kalkulierten Schleuderpreis. Sie werden es überleben. Und Ihr lokales Möbelhaus wird dies dann auch!

Lektion 6 auf der Coaching-Couch:

Fragen zum Wohnfühlen

1. Ist meine »Trendresilienz« stark genug, um nach den für mich richtigen Kriterien auszuwählen?

2. Habe ich die »Beiköche«, die meine anstehende (Kauf-) Entscheidung beeinflussen, im Blick?

3. Falls ich meine Entscheidung aufgrund einer Beratung treffen will oder werde: Ist diese vertrauenswürdig? Habe ich das Gefühl, dass sie tatsächlich das Beste für mich und meine Bedürfnisse empfiehlt, oder brauche ich eine weitere Meinung?

Lektion 6 auf der Coaching-Couch:

Fragen zum Wohnfühlen

1. Gelassenheit und Gleichmut statt Gerede.

2. Nutze Vergleiche mit anderen zur Inspiration, nicht aber zur Bewertung oder Beurteilung.

3. Du wirst es niemals ALLEN recht machen können. Setze also lieber gleich alles daran, dass es für DICH passt. Nimm »die anderen« nicht wichtiger als sie sind. Arbeite grundsätzlich lieber an Dir selbst als Dich an anderen ab.

7

Bleib realistisch und akzeptiere die Fakten

Vor einiger Zeit telefonierte ich mit einem befreundeten Paar, das gerade mit viel Hingabe das gemeinsame Zuhause, ein kleines verschachteltes Häuschen auf dem Dorf, aufmöbelt. Im wahrsten Sinne des Wortes: Zu den anstehenden Renovierungs- und Einrichtungsarbeiten gehörte auch die Anschaffung eines neuen Sofas. Nach langem Suchen hatten die beiden endlich gefunden, was sie sich für ihr Wohnzimmer vorstellten, und voller Vorfreude auf die Lieferung gewartet. Als ich im Rahmen des Telefonates fröhlich nach dem aktuellen Stand fragte, wurde es am anderen Ende plötzlich still, sodass ich schon dachte, meine Gesprächspartner hätten aufgelegt. Und ich musste genau hinhören, als nach einigen Sekunden der Stille plötzlich doch noch eine zerknirschte Antwort in den Apparat gemurmelt wurde. Die da lautete: »Mussten wir zurückschicken. Hat nicht durch die Haustür gepasst. Aber durch die Zimmertür wär's gegangen.«

Wenn Sie jetzt lachen müssen, ist das völlig in Ordnung – auch ich konnte mir ein Kichern nicht verkneifen (besagtes Paar erzählt die Anekdote mittlerweile selbst mit einer gewissen Ironie). Dummerweise ist es jedoch so, dass so etwas sogar bei den vermeintlich Klügsten unter uns immer wieder vorkommt, und das gar nicht mal selten.

Zwischen dem Verfassen und dem Korrekturlesen dieses Kapitels sprach ich mit einer Freundin, bei der das Wunschsofa ebenfalls ein Trauma hinterließ: In diesem Fall passte das heiß ersehnte Objekt bei der Anlieferung durch die Spedition nicht durch das Treppenhaus des Altbaus. Sie fuhr schließlich zur Arbeit, weil es nicht anders ging, und ließ den Ehemann samt der zwischen Geländer und Wand eingeklemmten Couch allein.

Die Konzentration auf den Job an diesem Tag fiel ihr allerdings schwer, insbesondere nachdem der Gatte ihr eine WhatsApp mit dem Text »Ich hab doch noch die Motorsäge!« in die Praxis geschickt hatte. Meine Freundin war daraufhin ein einziges Wrack, weil sie bei der Rückkehr nach Hause das Schlimmste befürchte. Und fand das Traumsofa nach Feierabend an der vorgesehenen Stelle im Wohnzimmer! Es war scheinbar unversehrt: Ihr Mann hatte zwischenzeitlich mithilfe besagter Motorsäge genau jene Zentimeter auf der Rückseite des Möbels eliminiert, die beim Transport durch das Treppenhaus im Wege gewesen waren. Und was geschah?! – Statt dass besagte Freundin jubelnd dem Mann um den Hals fiel und die Sektkorken knallen ließ, legte sie so eine Art Nervenzusammenbruch hin, brach in Tränen aus, rollte sich heulend vor (nicht auf!) dem Sofa und brauchte Stunden, um sich zu beruhigen, während Mann und Sohn völlig ratlos danebenstanden und alle Tröstungsversuche ungehört verpufften: Die den ganzen Tag über angesammelte Anspannung war einfach zu groß gewesen. Wegen eines Sofas!

Es mag zwar unser erster Impuls sein, beim Hören einer solchen Posse zu denken: »Das könnte mir nie passieren! Und dann auch noch heulen?! Wegen eines *Sofas?!*« Und doch werden die meisten von uns den entstandenen Druck und den anschließenden Zusammenbruch nachvollziehen können.

Die Schuldigen bei solcherlei Begebenheiten sind recht schnell identifiziert: Sie heißen »Ungeduld«, »fehlende Sorgfalt« und »Fehleinschätzung« und »Stress«, und vielen von uns stellen diese vier – vor allem in Kombination – auch dann noch ein Bein, wenn wir uns längst für erwachsen, souverän und durchaus lebenstüchtig halten.

Wenn Sie nach der Anlieferung des Traummöbels feststellen, dass Sie künftig in Ihrem Schlafzimmer Slalom laufen müssen, um sich ohne Verletzungen zu bewegen; dass sich nach Platzierung der neuen Sitzgruppe die Türen der Wohnzimmerschränke nicht mehr öffnen lassen oder weit und breit keine Steckdose für jene schicke Lampe zu erreichen ist, die Sie sich sooo schön auf dem Beistelltischchen in der Ecke vorgestellt hatten – dann kann es ein bisschen dauern, bis Ihr Ärger über sich selbst verraucht ist und Sie der Angelegenheit mit Humor begegnen können.

Nehmen Sie sich also die Zeit, vor Ihren Entscheidungen alle notwendigen Informationen zusammenzutragen. Akzeptieren Sie dabei die Fakten ohne Wenn und Aber als das, was sie sind: das Fundament, auf dem alles steht – wie die Bodenplatte eines Hauses, die Sie im Nachhinein ja auch nicht einfach verändern oder umplatzieren können. Die verfügbare Quadratmeterzahl, die Deckenhöhe oder das vorhandene Tageslicht sind in der Regel festgeschrieben, sofern Sie nicht selbst bauen oder eine Komplettsanierung inklusive Grundrissänderung vornehmen, und aus einer kleinen Mietwohnung im Souterrain wird kein Palast.

Auch die »Lebensadern«, die ein Gebäude durchziehen, lassen sich nicht im Handumdrehen verrücken oder anpassen: Die Verläufe von Gas-, Strom-, Wasser- und Telefonleitungen bestimmen maßgeblich mit, was wo und wie geht und was nicht; genau wie unser Körper und seine individuelle Beschaffenheit die Grundlage dafür sind, wie wir unser Leben gestalten können.

Das »Beackern« dieser Fakten kann anstrengend sein. Manchmal ist die Verlockung groß, sich auf ein die Angelegenheit abkürzendes oder vorgeblich beschleunigendes »Wird schon passen!« einzulassen. Dieser Verlockung nachzugeben ist selten eine gute Idee! Im Gegensatz dazu, was das uns allen geläufige Bonmot behauptet, kann nämlich weder in Ihrem Leben noch in Ihrem Zuhause alles, was nicht passt, im Nachhinein auch passend gemacht werden.

Manchmal werden wir, wenn wir auf dem Weg zu einer Entscheidung bezüglich der Fakten und Voraussetzungen sorgfältig vorgehen, Vorhaben verwerfen müssen: Weil das, was wir uns überlegt haben oder wünschen, schlicht nicht umzusetzen ist, sofern wir es realistisch angehen. Oder auch nur ganz ehrlich zu uns selbst sind.

Nehmen wir zum Beispiel an, Sie sind eine herzensgute, aber eher faule Socke und wissen ganz genau, dass es Ihnen schwerfällt, das Haus zu verlassen, wenn es nicht unbedingt sein muss. Nehmen wir an, Sie beschließen dennoch, dass Sie endlich etwas für Ihre Fitness tun wollen. Sie können nun einen Vertrag in einem Fitnessstudio abschließen und sich selbst einreden, dass Sie schon hingehen werden, wenn Sie erst mal regelmäßig dafür bezahlen müssen. Wie realistisch aber ist es, dass dies wirklich geschieht – wenn Sie wirklich, wirklich, wirklich in sich hineinhorchen?! Sie kennen sich ja selbst am besten! Also hoffentlich. Und kommen mit der gebotenen Ehrlichkeit vielleicht zu dem Schluss, dass Sie sich doch erst einmal ein Fitnessprogramm aussuchen, das Sie zuhause durchführen können und keine laufenden Kosten verursacht. Um eine ähnliche Verpflichtung zu verspüren, die Ihnen der Vertrag in einem Fitnessstudio aufbürdet, können Sie vielleicht eine Freundin oder einen Freund bitten, Sie regelmäßig nach Ihren Trainingsfortschritten zu fragen.

Wenn wir also feststellen, dass wir unser Vorhaben am besten ein wenig modifizieren, um es auf unserem vorhandenen Fundament sinnvoll und dauerhaft tragfähig umsetzen zu können, dann gehen wir das ein, was man gemeinhin einen »Kompromiss« nennt. Nun sind Kompromisse nicht gerade unsere Idealvorstellung, und zahlreiche Ratgeberartikel, Coachingansätze oder überhaupt der Zeitgeist versuchen uns oft einzureden, dass Kompromisse nichts Erstrebenswertes sind. Dass wir immer den ganzen Weg gehen sollen. Uns nun mal entscheiden müssen. Keine halben Sachen machen dürfen, um unser »Glück« zu finden und uns selbst mit allem, was wir sind oder zumindest sein wollen, zu verwirklichen.

Aber da stimmt was nicht, denn Fakt ist doch: Das ganze Leben ist ein Kompromiss! Wir werden nur geboren, um wieder zu sterben, und in der Zeit dazwischen müssen wir lernen, mit diesem und noch vielen anderen Widersprüchen umzugehen und nach unseren Möglichkeiten das Beste draus zu machen. Sehen wir Kompromisse also nicht als Niederlage! Ein gut durchdachter Kompromiss ist unsere große Chance, am Ende doch noch das zu bekommen oder zu erreichen, was wir wollen.

Genauso wie wir es niemals allen recht machen können, werden wir, realistisch betrachtet, auch nicht immer alles genau so haben können, wie es unserer Wunschvorstellung entspricht. Was wir aber tun können, ist, unsere Vorstellung mit den Fakten abzugleichen und dann darauf zu schauen, wie wir diese beiden Pole vernünftig »zueinander bekommen«.

Das hat nichts mit dem berühmten »Verbiegen« zu tun: Ein ausbalancierter Kompromiss verbiegt uns nicht, sondern sorgt vielmehr dafür, dass wir elastisch bleiben. Er ist der Beweis dafür, dass wir in der Lage sind, um- und weitsichtig zu handeln. Der Weg zum Ziel wird dadurch zwar vielleicht etwas länger, kurviger, beschwerlicher oder umständlicher, aber auch ein wenig sicherer und berechenbarer. Falls wir alles auf eine Karte setzen wollen, weil uns dies als der einzige Weg zum Ziel erscheint, dann können wir das tun. Aber am besten erst, wenn wir die Umstände auf Herz und Nieren geprüft haben.

Grundlagen für diese Überprüfung sind unsere persönlichen Voraussetzungen sowie die Tatsachen, die uns umgeben. Wenn wir in einer Mietwohnung leben, denken wir ja auch (hoffentlich!) nicht allzu lange darüber nach, wie toll alles würde, wenn erst die Wand zwischen Küche und Wohnzimmer entfernt wäre – obwohl wir wissen, dass es sich bei der

Wand um eine tragende ebensolche handelt und der Vermieter ihrer Entfernung sowieso nie zustimmen würde.

Manche Gegebenheiten sind einfach hinzunehmen, und die Welt verändern können wir nur im Rahmen unserer persönlichen Möglichkeiten. Die Brechstange oder der Dickkopf sind dabei nicht die allerbeste Lösung. Mit Fantasie und geschickter Ausnutzung des Vorhandenen hingegen können wir auch bei begrenzten Ressourcen alles rausholen, was eben geht.

Lektion 7 auf der Coaching-Couch:

Fragen zum Wohnfühlen

1. Ist mein Grundriss vollständig und berücksichtigt auch Vorsprünge, Auf-Putz-Leitungen, Schrägen, Fensterbänke, Fußleisten und Co.?

2. Sind die Dimensionen meiner Neuanschaffung im Verhältnis zur Raumgröße angemessen? Sind Türen und/oder Fenster breit genug für die Anlieferung? Bleibt ausreichend Platz für Laufwege und z.B. sich in den Raum hinein öffnende (Schrank-)Türen?

3. Stichwort »Lebensadern«: Sind die für meine geplante Nutzung notwendigen Kabelläufe, Strom-, Wasser- oder Telefonanschlüsse tatsächlich vorhanden bzw. realisierbar? Steht der Aufwand der Installation oder des erforderlichen Umbaus im Verhältnis zum späteren Nutzen?

Lektion 7 auf der Coaching-Couch:

Fragen zum Wohnfühlen

1. Trage immer alle wichtigen Informationen und Fakten zusammen, bevor Du Veränderungen einläutest. Sei dabei realistisch und ehrlich zu Dir selbst.

2. Trotz aller Behauptungen: Nicht alles, was nicht passt, kann im Nachhinein auch passend gemacht werden.

3. Genauso, wie Du es niemals allen recht machen kannst, wirst Du auch nicht immer alles (sofort) haben können. Betrachte Kompromisse nicht als Niederlage, sondern als eine Möglichkeit, mit vertretbaren Modifikationen doch noch das zu bekommen, was Du willst.

8

Entsorgung? Welche Entsorgung?

Haben Sie sich das Wort »Entsorgung« schon mal im wahrsten Sinne auf der Zunge zergehen lassen? – Die meisten von uns denken dabei an Müllhalden, Batteriesammelstellen und Recycling, an Wertstoffhöfe und an die Altpapiertonne, an den Komposthaufen oder die Kleidersammlung. Der Begriff an sich begegnet uns im Alltag immer wieder. Aber seine eigentliche Bedeutung erschließt sich erst, wenn wir ihn nicht als feststehenden Ausdruck wahrnehmen, sondern in seine Bestandteile zerlegen:

»Ent-Sorg-ung«!

Also: sich selbst von Sorgen befreien; etwas loswerden, ab- oder wegwerfen, um hierdurch Erleichterung zu erfahren.

Dabei ist unser – verzeihen Sie mir bitte diesen Kalauer! – sorgloser Umgang mit dem Begriff »Entsorgung« nichts anderes als ein offensichtlicher, aber weithin ignorierter Beleg dafür, wie rücksichtslos wir mit Mutter Erde und ihren Ressourcen (die wir, warum auch immer, zu allem Übel auch noch »unsere« Ressourcen nennen) umgehen. Während einzelne Lebensgrundlagen und ganze Lebensformen durch menschliche Einwirkung auf vielfältige Weise leiden und schwinden, versuchen wir als Urheber dieser Entwicklung (noch immer), uns zu »ent-sorg-en«, also: die Spuren unseres Handelns so zu verwischen, dass wir uns vorgaukeln können, es wäre nichts gewesen.

Der Begriff »Entsorgung« manifestiert, dass wir Menschen uns im Grunde dessen bewusst sind, dass wir unserer Umwelt – und damit eigentlich auch uns selbst – ständig »Sorge« bereiten. Gleichzeitig geben wir uns in stiller Übereinkunft der wahnwitzigen Illusion hin, uns dieser »Sorge« entledigen zu können: Tonne auf, Klappe zu, Affe tot. Um jene verwerflichen Mechanismen, die wir am laufenden Band in kollektivem Einverständnis auf die Spitze treiben, zu entschärfen, bleibt uns angesichts der massiven Folgen für unseren Planeten nur eines: Zurückzurudern und die Euphorie der Wachstumsanbetung in einer scheinheiligen Übung zu dämpfen, indem wir deren Auswüchse nunmehr in Frage stellen und in ihrer Heftigkeit halbherzig abzumildern versuchen. Dies geschieht ausnehmend schleppend und nur bis zu einem gewissen Grad, sprich: Soweit wir selbst und unsere selbst geschaffenen Strukturen es aushalten, ohne wirklich spürbare oder gar schmerzhafte Einschränkungen zu erfahren.

Es ist ein absurdes Spektakel: Da blinkt, plingt, drückt und zieht es mittlerweile an allen Ecken und Enden, rund um die Uhr und überall, und das nicht plötzlich und unerwartet, sondern gezielt, gewollt und hausgemacht. Wer sich dem aber nun endlich entziehen will, weil es ihm oder ihr schlicht reicht oder gar zu viel wird, muss schwer daran arbeiten: Das »weniger« ist im Grunde nur eine Aufgabe mehr, die wir plötzlich erfüllen wollen, sollen oder könnten – Begriffe wie »Entschleunigung«, »Downshifting«, »Minimalismus«, »Work-Life-Balance« oder »Digital Detox« geben sich plötzlich ein munteres Stelldichein in der überfüllten Arena des Zeitgeist-Zirkus.

Die kollektive, durch Übersättigung entstandene Sehnsucht nach dem »etwas weniger« statt »immer mehr« befeuert jetzt unseren Wunsch nach der Befreiung von der gefühlten »Konsumdiktatur«. Und sie fördert unser Bedürfnis nach allem, was uns mit Hilfe vermeintlicher Nachhaltigkeit ein besseres Gewissen verleiht angesichts der Spur der Verwüstung, die wir auf der Erde hinterlassen: Wir wollen unseren CO2-Fußabdruck reduzieren, die Energiewende schaffen, Tiere nur noch unter Zuhilfenahme vermeintlicher Menschlichkeit gebrauchen, zurück zur Natur und überhaupt alles endlich wieder »in Einklang« bringen.

Die Vermutung, dass dies vielleicht gar nicht dauerhaft gelingen kann, weil schon das mit dem »Einklang« bei der Spezies Mensch grundsätzlich nicht vorgesehen zu sein scheint, verdrängen die meisten von uns so gut, wie es eben geht. Wem das nicht gelingt, weil die all diesen Schwüren innewohnende Bigotterie nicht zu ignorieren ist, der quittiert das Ganze gegebenenfalls mit einem entrüsteten »Verlogene Kacke!« (pardon my french). Und schreibt sich dann vielleicht (subtiles bis offen ausgelebtes) Revoluzzertum oder tatsächliches Engagement auf die Fahne – könnte aber feststellen, dass auch das in absehbarer Zeit nicht die Wende herbeiführen wird; weder in Bezug auf die Energie noch auf alles andere.

Die Frage, wie es überhaupt so weit kommen konnte, dass wir mit unserem »Schneller! Weiter! Höher! Mehr!« die eigenen Lebensgrundlagen zerstören, wird selten bis am besten gar nicht gestellt. Selbsterkenntnis ist zwar, so heißt es, der erste Schritt zur Besserung. Aber wenn dieser erste Schritt als vermeintlicher Rückschritt betrachtet wird, für den scheinbare Selbstverständlichkeiten geopfert werden müssten, auf welche die meisten ihrer Nutznießer nicht mehr verzichten wollen oder gar können: Dann wird es schwierig bis unmöglich, diesen Schritt beherzt zu gehen. Und doch versuchen viele von uns, mit all diesen Widersprüchen so gut zu arbeiten, wie wir nur eben können, um im Rahmen unserer Möglichkeiten einen Wandel zum Positiven herbeizuführen. Sei dieser angesichts der Masse an Problemen auch noch so klein: Besser als nichts ist jegliche minimale Veränderung allemal!

Die Erkenntnis, dass wir uns, um unseren Teil beizutragen, weder bis zur Selbstaufgabe kasteien noch die gesamte Last der Welt auf den eigenen Schultern spüren müssen, ist dabei von großer Bedeutung: Handlungsfähig sind wir nur, wenn wir zunächst dafür sorgen, dass es uns selbst gut geht. Erst dann haben wir die Kraft sowie die Motivation, über unseren eigenen Tellerrand zu blicken und mehr bewirken zu wollen als auch zu können. Der sorgfältigere Umgang mit dem Begriff der »Entsorgung« – im Innen wie im Außen – kann auf dem Weg zu mehr Selbstbestimmung ein fruchtbarer Impuls sein. Hierzu möchte ich Sie in diesem Kapitel inspirieren. Denn das Ausmaß der Entsorgung, welches wir uns im »Außen« erlauben, ist hoch – während die buchstäbliche »Ent-Sorgung« in unserem Inneren oft zu kurz kommt, weil wir ihr nicht genug Aufmerksamkeit widmen.

Wir haben zwar ein geringes Problem damit, am laufenden Band Abfall zu produzieren und uns desselbigen dann ohne mit der Wimper zu zucken zu entledigen: Wir trennen das Altpapier vom Kompost, werfen Joghurtbecher und Verpackungen in den Gelben Sack, horten defekte Leuchtmittel und leere Batterien in unseren Abstellkammern, bis der Ausflug zum Recyclinghof ansteht, und machen uns die Mühe, Flaschen zum Altglascontainer zu karren. Es gibt unzählige Ratgeber und sogar (Online-)Coaches, die uns beim Aufklaren unserer Wohnung, dem Ausmisten der Rumpelecken und dem Sortieren von Unterlagen helfen sollen, und Ikonen wie die japanische Aufräum-Expertin Marie Kondo haben geradezu Superstar-Status. Das »Ent-Sorgen« unserer Hinterlassenschaften im Außen ist uns in Fleisch und Blut übergegangen. Auch wenn manche von uns Schwierigkeiten haben, sich von Überflüssigkeiten ihres eigenen Hausstandes oder von erdrückenden Mengen an Erinnerungen zu trennen, ist der Akt des Wegwerfens zu einer gesellschaftlichen Routine geworden und geht uns allzu leicht von der Hand.

Was unser »Innen« betrifft, so bringen wir sehr viel unregelmäßiger »den Müll raus«, sprich: läuten bewusst die Trennung ein von Dingen, Situationen und Menschen, die uns nicht (mehr) guttun oder das Anrecht auf einen Platz in unserem Leben respektive unserem Herzen verwirkt haben. Dabei wissen wir doch, wie hilfreich das Ausmisten und Ordnen sind: Nur wer sich trennen kann, gewinnt Luft und Raum für Neues. Wenn wir uns also vorstellen, dass unsere Herzen, unser Geist und unsere Seele genau wie ein Zimmer oder ein Haus nicht unbegrenzt aufnahmefähig sind, dann ist es nur konsequent, sich auch im Inneren ab und zu entschlossen ans Aufräumen zu machen; also an das »Ent-Sorgen« im wörtlichen Sinne.

Wir können dies trainieren, indem wir uns regelmäßig Zeit für eine Art »innere Inventur« nehmen und genauer darauf schauen, wer und was in unserer Gedanken- und Herzenswelt gerade Platz beansprucht. Manchmal versucht uns unser »Innen« in Eigenregie darauf aufmerksam zu machen, dass es an der Zeit ist, bewusst in uns hineinzuhorchen: Dann schlafen oder träumen wir schlecht, fühlen uns verwirrt oder überfordert, bekommen Kopfschmerzen, sind gereizt, unkonzentriert oder schlicht »irgendwie« unzufrieden, auch wenn oberflächlich betrachtet alles soweit in Ordnung scheint. Im Grunde unseres Herzens und unseres Bauches ahnen wir, wenn es an der Zeit ist, eine Entscheidung bezüglich eines in uns »besetzten« Platzes anzugehen.

Dann aber kommt gern der Kopf ins Spiel, der uns Abhängigkeiten vor Augen führt, Angst vor Veränderungen und Konsequenzen spüren lässt, (moralische) Verpflichtungen anmahnt, Warnzeichen ignorieren, überspielen oder uns mit einem »einfach weitermachen!« ruhigstellen will. Letztendlich entscheidet jeder von uns für sich selbst, wie wir mit solcherlei Konflikten umgehen wollen. Aber inneren Frieden finden wir am ehesten dann, wenn wir diese auflösen statt sie auszusitzen oder dauerhaft zu ignorieren.

Kennen Sie das Gefühl, wenn Sie sich mit dem Entschluss, etwas oder jemanden gehen zu lassen – also den entsprechenden Platz in Ihrem

Innern wieder freizuräumen und Raum zu schaffen für Neues –, sehr lange herumgeschlagen haben, dann aber endlich die Konsequenzen ziehen und sich schlussendlich wahnsinnig erleichtert fühlen? »War doch gar nicht so schlimm. Warum habe ich das nicht schon viel eher getan?« sind Gedanken, die uns in diesen Momenten nicht nur beflügeln und optimistisch nach vorn schauen lassen, sondern auch ein bisschen stolz auf uns selbst machen.

Sich an diese Gedanken immer dann zu erinnern, wenn wieder einmal eine Zäsur ansteht, können wir genauso üben wie die »innere Inventur«. Muße, etwas Stille und die Bereitschaft zur inneren Einkehr sind alles, was wir dafür benötigen.

Es können einzelne Personen sein, denen wir in ungesundem Maße wertvollen Raum in unserem Inneren überlassen. Manchmal sind es unschöne Erinnerungen, erlittene Verletzungen, große Enttäuschungen oder Vertrauensbrüche, die wir irgendwie nicht so recht loslassen können; auch dann, wenn wir der Überzeugung sind, »damit« eigentlich längst »durch« zu sein. Diese Erschütterungen ploppen gern in genau jenen Momenten wieder auf, in denen wir uns eh schon angegriffen, gestresst oder geschwächt fühlen.

Ob es sich dabei unter Umständen um Traumata handelt, deren therapeutische Aufarbeitung sinnvoll wäre, kann nur jemand beurteilen, der hierfür ausgebildet ist; die Möglichkeit, dies herauszufinden, steht uns offen. Bei weniger befrachteten Einschnitten ist es hilfreich, sich eine gezielte Strategie für jene Momente zu erarbeiten, in denen diese Erinnerungen oder Verletzungen uns erneut einholen. Dies können zum Beispiel klar formulierte Botschaften oder »Reminder« an uns selbst sein, die wir in starken Momenten, wenn wir uns gut und positiv fühlen, in prägnante Sätze fassen und in den entscheidenden Momenten hervorholen können, um uns aus eigener Kraft zu stützen.

Auch ich bediene mich einer solchen Strategie und besitze eine kleine Kladde, die ich »mein Ent-Sorgungs-Buch« nenne. In dieser finde ich motivierende Leitsätze; mindestens zwei zu jenen Erfahrungen oder Verletzungen, von denen ich weiß, dass sie mich in eh schon anfälligen Momenten aufsuchen und in so eine Art Weltschmerz oder gar Selbstmitleid katapultieren könnten. Mit diesen recht knapp und so konkret wie nur möglich formulierten Zeilen erinnere ich mich zum Beispiel daran, welche positiven Lehren ich aus der jeweiligen Erfahrung ziehen konnte, oder daran, dass die entsprechende Situation überstanden ist und meine Gedanken und meine Energie an anderer Stelle besser eingesetzt sind.

Gleichzeitig »ent-sorge« ich mein Inneres regelmäßig mit Hilfe der Kladde, indem ich darin – ebenfalls kurz und knapp, samt Datum – notiere, welche Situationen, Menschen oder Umstände gerade ein unwohles Gefühl in mir hinterlassen, so diffus oder schwach dieses für den Moment auch sein mag. Manchmal tauchen die Zweifel danach nie wieder auf; dann verbuche ich sie nach einem gewissen Zeitraum als »Fehlalarm« und kann die entsprechenden inneren Plätze und ihre aktuelle Besetzung recht unbeschwert und guten Gewissens genauso belassen, wie sie sind. Manchmal aber häufen sich die notierten Signale, und wenn sie das vierte oder fünfte Mal in der Kladde aufgetaucht sind, nehme ich mir die Zeit, mich damit zu beschäftigen.

Hierfür habe ich einen speziellen Ort, den ich »mein Denk-Mal« nenne. Es handelt sich hierbei um einen gemütlichen alten Ohrensessel mit sehr – sagen wir mal: origineller – Farbgebung, und er gilt mir als jener exklusive Platz, den ich aufsuche, wenn es Zeit ist für die innere Einkehr.

Mir hilft es sehr, diesen Fixpunkt zu haben, der in bestimmten Situationen als Zuflucht dient. Schon das Platznehmen im Sessel beruhigt mich und verleiht Zuversicht, dass ich gestärkt sein werde, wenn ich diesen besonderen Ort nach einer gewissen Weile wieder verlasse, um zu meinen Aufgaben zurückzukehren. Um die Ecke steht ein mobiles Tischchen, das ich für die »Einkehr-Episoden« flugs heranrollen und aus dem Sessel bequem erreichen kann. Auf diesem werden dann Kladde und Kuli griffbereit gelegt.

Außerhalb dieser »Einkehrzeiten« wohnen Kladde und Kuli in meinem Schlafzimmer auf dem Nachtschränkchen; das ist insbesondere dann hilfreich, wenn ich nicht einschlafen kann und in Stichworten kurz notiere, wer oder was mir Kopfzerbrechen bereitet. Das funktioniert sogar noch im unruhigen Halbschlaf und hat einen positiven Nebeneffekt: Diese Form der »Ent-Sorgung« fördert auch die benötigte Erholung in der Nacht, denn ich kann mir sicher sein, dass die diffuseren Gefühle auch am nächsten Morgen nicht vergessen sein werden. Die Kladde gleicht also auch einer Art »Wiedervorlageordner«, der für den Moment befreiende Wirkung hat.

Bin ich unterwegs und die Kladde ist nicht griffbereit, dann erstelle ich in meinem Telefon eine kurze Notiz und übertrage diese gleich nach der Rückkehr. Dieses Prozedere ist mir im Lauf der Zeit ebenso Routine geworden wie das Führen des Fahrtenbuches oder die tägliche Aktualisierung meiner »To Do«-Liste. Kleiner Gag am Rande: In »dringenden« Fällen – zum Beispiel, wenn ich den Eindruck habe, ein schlechtes Gefühl vermag mich mittlerweile sogar von anderen Gedanken oder Aufgaben abzulenken – notiere ich das Wort »Einkehr« auf eben jener »To Do«-Liste und weiß, dass so bald wie möglich »Denk-Mal«-Zeit einzuräumen ist. Nur für alle Fälle.

Falls auch Ihnen das Anlegen eines »Ent-Sorgungs-Buches« oder das Einrichten Ihres persönlichen »Denk-Mals« behilflich sein können: Mir wäre es eine Freude, und es einfach mal auszuprobieren, kostet wenig. Schauen Sie nur bitte vorher nach, ob Sie nicht noch irgendwo ein altes Heftchen oder Notizbuch herumliegen haben, das Sie dafür nutzen können, bevor Sie losziehen und eines erwerben. Und kaufen Sie sich nur einen neuen Sessel, wenn es unbedingt sein muss. Danke sehr!

Lektion 8 auf der Coaching-Couch:

Fragen zum Wohnfühlen

1. Wie kann ich mit meiner persönlichen »Wegwerf-Routine« sorgfältiger umgehen und zum Beispiel mein Müllaufkommen reduzieren?

2. Empfinde ich den Umfang meines Hausstands als »genau richtig« für mich, oder würde mir eine Reduzierung von Vorhandenem und/oder künftigem Konsum mehr Luft und Raum verschaffen? Falls ja, wie will ich dies konkret erreichen?

3. Kann ich mit Dingen, die ich nicht mehr benötige oder sogar als Belastung empfinde, anderen eine Freude bereiten?

Lektion 8 auf der Coaching-Couch:

Leitsätze fürs Leben

1. Auch eine minimale Veränderung zum Positiven ist immer besser als nichts.

2. Sorge dafür, dass es Dir gut geht, damit Du für andere da sein und dort etwas bewegen kannst, wo Du etwas bewirken möchtest.

3. Stell Dir vor, dass Dein Herz, Deine Seele und Dein Geist – genau wie ein Haus oder Zimmer – nicht unbegrenzt aufnahmefähig sind. Kümmere Dich durch bewusstes »Ent-Sorgen« Deines Inneren darum, dass immer Platz für Neues frei ist.

9

Dein Ziel. Deine Spielregeln. Dein Plan.

Zum Thema »Planung« oder »einen Plan haben« gibt es haufenweise Sprichwörter und Kalenderweisheiten, aber längst nicht alle davon sind uneingeschränkt sinnvoll. Neulich las ich im Internet zum Beispiel folgenden Spruch: »Wenn der Plan nicht funktioniert, dann ändere den Plan. Aber niemals das Ziel!«

Also. Ich weiß ja nicht, wie Sie das sehen, aber ich denke, dass wir uns durchaus manchmal falsche Ziele setzen, und wenn das der Fall ist, dann nützt auch der beste Plan am Ende nichts. Mit diesem Kapitel möchte Sie dazu motivieren, Ihre Ziele noch einmal zu hinterfragen und zu verifizieren. Und sich erst dann an einen konkreten Plan zu machen, wenn Sie sich Ihrer Spielregeln bewusst sind, die auf Ihrer Reise zum Ziel als Wegweiser dienen.

Die Gründe für ein falsch gesetztes Ziel können vielfältig sein: Vielleicht haben wir uns selbst durch mangelnde innere Einkehr nicht richtig eingeschätzt, zum Beispiel, wenn wir uns auf eine Berufswahl oder auf eine Lebensform fokussieren, die wir nicht sorgfältig genug überdacht haben. Vielleicht sind wir auf etwas gestoßen, von dem wir denken: »So will ich auch sein.« Oder: »Das kann ich auch.« Oder: »Das will ich auch haben.« Möglicherweise sind es auch solche Glaubenssätze wie: »Wir können alles schaffen, solange wir es nur wirklich wollen«, welche uns auf die falsche Fährte locken und nach Sternen greifen lassen, die bei realistischer Betrachtung außerhalb unseres Sonnensystems liegen.

Verstehen Sie mich nicht falsch: Natürlich sollen wir für unsere wahren Ziele und großen Träume kämpfen, und ja, wir können durch harte Arbeit, Hingabe und beharrliches Dranbleiben Vieles erreichen. Aber wenn das eigentliche Ziel nicht stimmt, dann werden Weg und Plan zur Qual, und sollten wir unser Ziel dennoch erreichen, dann wird uns dies nicht dauerhaft erfüllen.

Auch ich habe mir in meinem Leben durch mangelnde Reflexion schon einmal ein falsches Ziel gesetzt. Das war zwar eine lehrreiche Erfahrung, aber ehrlich gesagt hätte ich mir viele Konflikte und deren Folgen sparen können, wenn ich gleich von Anfang an nur besser in mich selbst hineingehorcht hätte. In diesem Fall hat zwar alles fundiert und authentisch begonnen, aber vielleicht war es genau dieser Umstand, der meine Selbsterkenntnis damals quasi außer Gefecht gesetzt hat.

Reisen wir mehr als fünfzehn Jahre zurück: Mit meiner runden Körperform war es während der Moderationstätigkeit für »Einsatz in 4 Wänden« (2003-2013) schwierig, geeignete Kleidung zu finden, in der ich mich wohlfühlte und die mich vor der Kamera möglichst unbefangen agieren ließ. Ich begann damals mit einer jungen Hamburger Modedesignerin zusammenzuarbeiten: Sabine »Binchen« Hanneger hatte zuvor bereits jenes grüne Kleid entworfen und gefertigt, welches ich anlässlich meiner Entgegennahme des Fernsehpreises 2004 tragen durfte.

Wir waren ein gutes Team, und immer öfter hörten wir die Frage danach, wo man denn meine Kleidung kaufen könne. So war es nur folgerichtig, dass ein Modelabel daraus entstand, das wir gleich mit einer exquisiten Kollektion von – wie die Kleider größtenteils handgefertigten – Wohnaccessoires kombinierten. So wurde aus unserem kleinen Atelier, bis dahin ein unbeschwerter, farbenfroher Ort voller stoffgewordener Träume und kreativer Verrücktheit, ein Start-up mit Onlineversand.

Ich fand es zunächst sehr spannend, mich mit Dingen zu beschäftigen, von denen ich bis dahin als Autorin, Moderatorin und Gastronomin keine Ahnung gehabt hatte. Ein bisschen geschmeichelt fühlte ich mich auch, denn ich galt nun in der Hamburger Gesellschaft als Geschäftsfrau. Plötzlich hagelte es Einladungen und Kontakte in Kreise und Netzwerke, von deren Existenz ich vorher noch nicht einmal etwas geahnt hatte. Die Begeisterung und die Freude an der Sache hielten aber nur so lange an, bis ich erkannte, welche Verantwortung ich mir da aufgebürdet hatte, ohne dass das junge Unternehmen bereits ausreichend tragfähig gewesen wäre, um eine geschäftsführende Fachkraft zu meiner Entlastung einzustellen.

Auf einmal wälzte ich an drehfreien Tagen nur noch Zahlen. Ich schlug mich in einem Büro mit Urlaubsanträgen, Krankmeldungen und Rechnungen herum, gab Angebote frei oder auch nicht, korrigierte Produktbeschreibungen für den Webshop, schrieb Kalkulationen. Ich beschäftigte Anwälte, damit diese die sich ständig ändernden Impressums- und AGB-Vorgaben für das Onlinegeschäft korrekt formulierten oder säumige Zahler mahnten und offene Posten eintrieben. Zwischendurch wurde ich über dem ständigen »Lochen – Heften – Tackern« (heute würde man vielleicht sagen: »Scannen – Einloggen – Hochladen«) nahezu wahnsinnig. Und: Ich vernachlässigte darüber meine Gastronomie, die kleine Bar, die ich doch so sehr liebte, zusehends. Statt dort ab und an auszuschenken und Zeit mit meinen Gästen zu verbringen, liefen die Geschehnisse rund um den berühmten Marmortresen nun phasenweise komplett an mir vorbei, was auch dem Laden nicht guttat. Die neuen und umfassenden Verpflichtungen hielten mich beharrlich davon ab, meinen kreativen Leidenschaften als Autorin und Künstlerin nachzugehen. Noch dazu folgte die Ernüchterung, dass die Kreise, in die ich nun eingetreten war, mitnichten an Personen interessiert waren, sondern eben nur an Geschäften, auf dem Fuße.

Erst mit der Produktion von »Wer schön sein will, muss reisen«, jener Kinodokumentation, die meine Filmcrew und mich Anfang 2011 auf eine wunderbare Reise führte, folgte so eine Art »Befreiungsschlag«: Dieses irrwitzige Projekt hielt das Team und mich von den Vorbereitungen der Drehreise bis zur Kinopremiere knapp vier Jahre lang in Atem. Diese Zeit bis zum Premierenabend im Herbst 2013, an dem ich wahnsinnig glücklich und so stolz auf alle Beteiligten war, machte mir bewusst, was ich wirklich will und brauche, um mein Bestes zu geben. Damals war ich 40 Jahre alt und konnte zum ersten Mal meine persönlichen Spielregeln ganz klar formulieren. Wie wundervoll das war!

Diejenigen von Ihnen, die einen ähnlichen »Aha!«-Moment bereits erlebt haben, können nachvollziehen, wieviel Klarheit und Zuversicht dieser Augenblick nach sich zieht. Und für all die unter Ihnen, die darauf noch hinarbeiten: Es lohnt sich so sehr. Bleiben Sie bitte, bitte dran! Es mag seltsam klingen, aber danach ist da plötzlich auch eine unglaubliche Unbeschwertheit und Leichtigkeit, und mit einem Mal erscheint alles logisch. Es ist wie ein Puzzle, das sich wie von Zauberhand selbst zusammensetzt.

Dieses Erlebnis ist bis heute einer meiner Leuchttürme, und die Erkenntnis, keinerlei Talent und Neigung zum Unternehmertum zu haben, bestimmt seither den Weg. Es sind das Schreiben, das Schaffen von bildender Kunst, das Bühnenleben mit Schauspielerei, Gesang oder Lesungen sowie die Weitergabe von Wissen und Erkenntnissen im Rahmen von Beratungen und Coachings, die mich erfüllen und zu einem zufriedenen Menschen machen. Personalverantwortung, Excel-Tabellen und Zahlenkolonnen, betriebswirtschaftliche Analysen und Businessmeetings hingegen tun dies nicht.

Es hat anschließend noch ein paar weitere Jahre gedauert, bis ich meine Spielregeln dauerhaft und stabil im Leben verankern konnte. Diese Zeit brauchte es für einen geordneten und sanften Rückzug aus den bisherigen Strukturen, und ich habe sie wie eine Art Häutung empfunden, bei der einzelne Schichten abgelegt werden mussten, um endlich den inneren Kern zutage zu fördern. Mit der Brechstange geht das leider nicht; jedenfalls dann nicht, wenn man sich seiner Verantwortung bewusst ist und dieser mit Anstand begegnen möchte. Auch das müssen wir zähneknirschend akzeptieren, wenn zu unseren Spielregeln zum Beispiel ein fairer Umgang mit anderen gehört.

Ich glaube deshalb, die Kunst liegt darin, mit dem richtigen Ziel vor Augen und den klar formulierten eigenen Spielregeln einen Weg stetig zu verfolgen, ohne in Verkrampfung oder Verbissenheit zu verfallen. Diese Balance zu halten erfordert ständige Reflexion und Selbstbeobachtung. Sie bedeutet auch, in Kauf zu nehmen, dass wir auf unserem Weg hier und da ins Schlingern geraten oder diesen Weg manchmal schlicht nehmen müssen, wie er kommt. Vielleicht sieht das Schicksal sogar herbe Rückschläge vor; ganz bestimmt aber gibt es auf dem Weg Situationen, in denen (die in diesem Buch ja bereits erwähnte) Kompromissbereitschaft vonnöten ist, um »auf Spur« zu bleiben.

Müsste ich also zum Thema »Plan« einen Kalenderspruch prägen, so würde er vielleicht lauten: »Konsequenz ist ein guter Begleiter bei der Umsetzung eines Planes. Starrsinn ist es nicht.« Manchmal ist es ratsamer, den Dickkopf zu überwinden und statt der Wand die Tür zu nehmen, auch wenn es sich bei dieser vielleicht nur um den Hintereingang handelt. Aber – hey: Drin ist drin!

Die persönlichen Spielregeln geben uns Halt und Zuversicht, wenn wir sie erst einmal so fundiert definiert haben, dass wir ihnen dauerhaft vertrauen können. Was in der Konsequenz auch bedeutet, dass wir diese Spielregeln nicht nach Gutdünken verändern, wenn wir darin einen kurzfristigen Nutzen wittern. Die Spielregeln zu überdenken und gegebenenfalls zu korrigieren, wenn wir erkennen, dass uns ein Fehler unterlaufen ist oder weil wir in der Zwischenzeit dazugelernt haben, ist nicht nur völlig in Ordnung, sondern zielführend und sogar weise. Sein Fähnchen nach dem Wind zu hängen hingegen ist keine stabile Grundlage für ein selbstbestimmtes und autarkes Leben.

Bei dieser Gelegenheit noch ein paar Worte zum Thema »autark«: Jeder von uns kann sich – abgesehen von den berühmten Familienmitgliedern, bei denen gerade das eben nicht geht – aussuchen, wem er (sich) (an-) vertrauen möchte und wem nicht. Natürlich gibt es Notwendigkeiten, die bestimmte Kontakte unvermeidbar machen; unsere Chefs, Kolleginnen, unsere Nachbarn oder auch die Krankenschwester von Zimmer 12 können wir nicht frei wählen. Davon abgesehen aber können wir zu weiten Teilen selbst entscheiden, in welchem Umfeld wir uns bewegen und mit welchen Charakteren wir uns umgeben.

Ich denke in diesem Zusammenhang immer wieder an meinen Kurzausflug in die Businesswelt. Wirklich wohlgefühlt habe ich mich dort nicht; trotzdem habe ich mich damals gebauchpinselt gefühlt, als Teil davon zu gelten. Das war blöd von mir, denn ich habe meinen inneren Kern dadurch verleugnet. Nicht bewusst – aber ich hatte meine Spielregeln noch nicht definiert.

Wenn ich heute mal wieder zu einem neuen, unglaublich vielversprechenden »Netzwerk« eingeladen werde, ist das nichts, womit man mich noch hinterm Ofen oder vielmehr vorm Kamin weglockt, und dabei spielen Thema oder Ausrichtung dieses Netzwerkes keine Rolle. Dies bedeutet nicht, dass ich nicht offen bin für neue Kontakte oder neugierig auf frische Begegnungen. Aber: Ich wünsche mir Bindungen, die auf Zuneigung basieren. Meine Überzeugung aus persönlicher Erfahrung ist, dass solche Beziehungen in erster Linie durch zweckfreie Zusammentreffen »in freier Wildbahn« entstehen. In der Konsequenz lautet eine meiner Spielregeln heute: »Lass durch Dritte initiierte Netzwerke links liegen und baue dir lieber dein eigenes, in dem du selbst der Türsteher bist.« Wertvolle Zeit mit Luftpumpen habe ich auch schon ausreichend verplempert; für diese ist in meinem Leben kein Platz mehr.

Solche Spielregeln können wir erst mit der Zeit formulieren, denn die Grundlage dafür sind nicht nur unsere Ziele, unser moralischer Kompass, unsere Werte und unsere Wunschvorstellungen, sondern auch unsere Erfahrungen. Niemand wird mit seinen Spielregeln geboren, und mit

Mitte Zwanzig haben vermutlich die wenigsten diese schon parat (obwohl ich bereits Menschen in diesem Alter begegnet bin, deren Klugheit umwerfend war). Aber: Regelmäßige Reflexion und innere Einkehr befördern die Formulierung der eigenen Spielregeln zur richtigen Zeit.

Diese Übungen sind es auch, die dafür sorgen, dass wir tatsächlich unsere eigenen Spielregeln entwickeln und nicht zum Beispiel die unseres Elternhauses oder des Umfeldes übernehmen. Das ist zwar recht bequem und einfach, und es gibt Menschen, die es so handhaben. Ein selbstbestimmtes Leben wird dadurch nur begrenzt möglich sein.

Was die Gestaltung und Umsetzung von Plänen betrifft, sobald wir Ziel und Spielregeln definiert haben: Konkretere Anregungen hierfür finden Sie in den folgenden Kapiteln. Zum »Warmlaufen« schon mal folgende Weisheit: Die richtige Vorbereitung ist das A und O! Oder, wie meine Schauspielkollegin Katrin Ingendoh es in einer Podcastfolge von »Wittlerins Wegweiser« formulierte: »Wenn du deinen Rucksack gepackt hast, ist das schon die halbe Miete.«

In Bezug auf die Themen »Bauen, Wohnen & Einrichten« bedeutet dies zum Beispiel, dass alle Beteiligten (!) den Plan sowie das Ziel kennen, die richtigen Materialien und Werkzeuge am Start haben und neben den Vor- auch die Nachbereitungsarbeiten einkalkuliert sind.

Ach ja, wegen »Vor- und Nachbereitung«: Vergessen Sie bitte niemals, dass es auch Momente geben muss, in denen Sie sowohl von Zielen als auch von Plänen nichts hören und nichts sehen. Wir brauchen Pausen, in denen wir uns einfach treiben lassen und uns der Erholung oder unseren Leidenschaften hingeben. Ohne diese Unterbrechungen könnte selbst der beste Plan der Welt scheitern, denn Verkrampfung und hausgemachter Druck können die Folge sein, was wiederum Flüchtigkeitsfehler oder Fehlentscheidungen begünstigt. Nur wer sich zwischendurch erholt, kann auch wieder volle Leistung bringen – durch dieses Argument lassen sich selbst totale Workaholics befrieden! Oder, um den Kreis dieses Kapitels mit einer weiteren Kalenderweisheit zu schließen: »Kein Ziel, kein Plan, aber fantastisches Wetter« – diesen Spruch dürfen wir uns gern immer wieder zu Herzen nehmen.

Lektion 9 auf der Coaching-Couch:

Fragen zum Wohnfühlen

1. Ist mir (und allen Beteiligten) klar, wie das Ziel aussehen soll? Habe ich es so formuliert oder skizziert, dass ich es mir und anderen jederzeit vor Augen führen oder präzise beschreiben kann?

2. Habe ich den Ablauf meines Plans korrekt durchdacht? Ist die Reihenfolge der einzelnen Schritte bzw. der jeweiligen Gewerke realistisch abgebildet? Sind die erforderlichen Gewerke untereinander vernetzt? Wie werden sie geführt, um zum richtigen Zeitpunkt tätig zu werden?

3. Beinhaltet mein Plan auch die Vor- und Nachbereitung? Habe ich eine (Zwischen-)Lagerung für Mobiliar organisiert und das, was ich während der Arbeiten im Alltag benötige, gut auffindbar gesichert? Ist das passende Werkzeug vorhanden, ebenso wie Transportmittel und Packmaterial? Ist die Beseitigung von Abfall, Bauschutt und/oder alter Möblierung sichergestellt?

Lektion 9 auf der Coaching-Couch:

Fragen zum Wohnfühlen

1. Kenne Deine Spielregeln. Je genauer Du sie formulierst, desto verlässlicher werden sie Dich leiten.

2. Hinterfrage und verifiziere Dein Ziel, bevor Du einen Plan entwirfst.

3. Konsequenz ist ein guter Begleiter bei der Umsetzung eines Plans. Starrsinn ist es nicht. Sei Dir dieses Unterschiedes bewusst.

10

Behalte Deine Ressourcen im Blick

Woran denken Sie, wenn Sie das Wort »Ressourcen« hören? An materielle Ressourcen wie Geld und all das, was man dafür kaufen kann? Oder eher an immaterielle Ressourcen wie Zeit, Energie oder Motivation?

Sowohl die eine als auch die andere dieser Ressourcenart entscheidet über Wohl und Wehe unserer Pläne und Vorhaben; in diesem Kapitel beschäftigen wir uns deshalb mit beiden. Dabei will ich das Thema der materiellen Ressourcen so kurz und knapp wie möglich abhandeln: Einen Kassensturz machen können wir (hoffentlich) alle, und die meisten von uns sind es gewohnt, dass die Ressource »Geld« nur in einem bestimmten Maße verfügbar ist sowie ihre Verwendung gut überlegt sein will. Ich gehe also davon aus, dass ich Ihnen nicht vorzubeten brauche, wie Sie Ihr finanzielles Budget im Griff behalten, dass Sie nicht mehr ausgeben sollten als Sie haben und dass es bei allen größeren Investitionen ein absolutes »Muss« ist, eine vollständige, ordentliche Kalkulation zu erstellen.

Was allerdings im Themenkomplex »Bauen und Renovieren« immer wieder übersehen wird, ist der Einbezug eines Puffers in die Berechnung. Ausgerechnet in jenem Bereich also, der in der Regel in einem menschlichen Leben der größte punktuelle Posten ist, welchen wir uns zu stemmen vornehmen. Fälle wie der des Berliner Flughafens oder der Hamburger Elbphilharmonie sind öffentlich gewordene Dramen, wie sie sich in kleinerem Rahmen täglich unter Bauherren abspielen: Kosten werden unterschätzt, finanzielle Reserven nicht oder nur marginal vorgesehen – und schon läuft das gesamte Vorhaben Gefahr zu implodieren. Auf die Dringlichkeit, einen solchen Puffer in petto zu haben, weise ich explizit hin: Bitte nehmen Sie das ernst!

Das Augenrollen und die Seufzer, welche dieser Fingerzeig verursacht, sind mir aus eigener Erfahrung wohl bewusst. Aus eigener Erfahrung kann ich Ihnen aber auch sagen: Wer diesen Hinweis ignoriert, stellt sich am Ende nur selbst ein Bein! Die Empfehlung lautet, mindestens 20-25% der veranschlagten Bausumme als Reserve nochmal obendrauf zu packen und im Budget fest zu verankern. Halten Sie sich daran, auch wenn es weh tut und Sie dadurch eingangs Abstriche bei Ausstattung oder Bauumfang machen müssen!

Sollte ausgerechnet bei Ihrem Vorhaben das große Wunder geschehen und der Puffer nicht angetastet werden müssen: Sie haben dann nach der aufreibenden Bauphase ein Extra zur Verfügung, das Sie in eine Belohnung für sich selbst, zum Beispiel zur Erholung, oder in ein Zusatzschmankerl für Ihr neues Wohnumfeld investieren können.

Auch dass bei größeren Investitionen immer mindestens zwei, besser sogar noch drei Kostenvoranschläge eingeholt werden sollten, um vergleichen zu können, wissen wir. Das bedeutet leider Fleißarbeit, die uns unbefriedigend erscheint, weil sie zunächst keinerlei konkreten Fortschritt in unserem Vorhaben erkennen lässt. Auch viele Gewerke und Betriebe schlagen sich in Zeiten von Handwerkermangel und übervollen Auftragsbüchern nicht unbedingt darum, akkurate Angebote zu erstellen ohne die Sicherheit, den Auftrag tatsächlich zu erhalten. Trotzdem: Bitte stellen Sie sich dieser Angelegenheit mit Sorgfalt und Beharrlichkeit.

Dazu gehört auch, die eingegangenen Angebote aufmerksam und mit Bedacht zu studieren: Schauen Sie nicht nur auf die Summe, die sich Ihnen auf der letzten Seite präsentiert, sondern vergleichen Sie unbedingt die innerhalb des Angebotes aufgeführten Einzelposten. Fragen Sie bei den entsprechenden Betrieben nach, wenn Sie zum Beispiel in einem Angebot eine Position finden, die im anderen gar nicht auftaucht. Hierdurch bekommen Sie auch gleich die Möglichkeit, zu überprüfen, wie kundenfreundlich ein Betrieb arbeitet und wie beflissen er mit Ihnen als potenziellem Auftraggeber umgeht. Betrachten Sie das abgelieferte Angebot als eine »erweiterte Visitenkarte mit Bewerbungscharakter«: Die Art und Weise, wie dieses ausgearbeitet und präsentiert wird, lässt erfahrungsgemäß auch auf die später abgelieferte Arbeit in puncto Zuverlässigkeit und Fachkompetenz schließen.

Ein seriöser Handwerksbetrieb wird es Ihnen mit der gebotenen Fairness sagen, wenn derzeit für Ihr Vorhaben kein Angebot abgegeben werden kann; zum Beispiel, weil der Betrieb bereits unter Volllast fährt. Oder weil andere, lukrativere Aufträge derzeit bevorzugt werden. Eine solche ehrliche Ansage ist immer besser als ein unvollständig oder flüchtig hingeworfener Kostenvoranschlag! Nehmen Sie diese nicht persönlich, und lassen Sie sich auch nicht zu einem schnaubenden »Die ham's ja wohl nicht nötig!« hinreißen. Verbuchen Sie die Angelegenheit stattdessen positiv: Hierdurch reduziert sich schon mal die Gefahr, dass am Ende gestresste Handwerker bei Ihnen auftauchen, die auf den Auftrag eigentlich gar keinen Bock haben und wahlweise gelangweilt oder unter Volldruck etwas zusammenpfuschen, worunter am Ende beide Seiten leiden. Auch Motivation ist eine Ressource! Die Ressource »Geld« erscheint uns oft als Dreh- und Angelpunkt, dabei sind es die immateriellen Ressourcen, die es uns ermöglichen, überhaupt Geld zu verdienen. Deshalb sollten wir auf diese unser besonderes Augenmerk legen.

Es gibt immaterielle Ressourcen, mit denen wir haushalten sollten, weil sie begrenzt sind. Dies sind zum Beispiel unsere Zeit und unsere Energie. Ressourcen, mit denen wir hingegen verschwenderisch umgehen dürfen, sind unsere Fähigkeiten, die wir durch lebenslanges Lernen laufend mehren, durch Übung verbessern und in allen Lebensbereichen für unser eigenes Vorankommen oder zugunsten anderer einsetzen können.

Motivation wiederum ist eine Ressource, die sich nicht so einfach dem einen oder anderen Schlage zuordnen lässt: Zum einen dient sie uns als universell antreibende Kraft. Zum anderen aber ist es immensen Schwankungen unterworfen, in welchem Maße wir über sie verfügen beziehungsweise sie aktivieren und nutzen, und diese Schwankungen sind niemals vollständig berechen- oder steuerbar.

Während die Zeit in unserer Wahrnehmung wahlweise vor sich hin tröpfelt oder verfliegt, aber doch immer objektiv messbar ist, bleibt unsere Motivation uns oft ein Rätsel: Mal stürzen wir uns voller Ehrgeiz und Ansporn in einen guten Vorsatz oder ein Projekt und verlieren dann doch nach wenigen Tagen den Antrieb, die Tatkraft oder gar das Interesse, ohne uns dies wirklich erklären zu können. Und mal läuft es genau andersherum: Wir machen uns an eine ungeliebte Aufgabe, die wir eigentlich nur ganz, ganz schnell hinter uns bringen wollen – und stellen irgendwann fest, dass wir in diese Aufgabe mittlerweile völlig versunken sind, sie plötzlich möglichst gut erfüllen statt nur abhaken wollen und uns diese Hingabe sogar Freude bereitet.

Wir können Belohnungssysteme für erreichte Zwischenziele installieren, um unsere Motivation zu lenken und zu versuchen, sie auf lange

Sicht zu erhalten. Wir können uns durch Selbstmotivationsbücher wühlen, Seminare besuchen, Coaches buchen oder uns in entsprechende Onlineprogramme einloggen. Und doch wird uns die eigene Motivation immer ein Buch bleiben, in dem wir zwar blättern können; aber den Inhalt vollständig begreifen oder gar das Buch komplett umschreiben werden wir vermutlich nie.

Das ist keine schlechte Nachricht, auch wenn es für alle Kontrollfreaks zunächst so klingen mag. Denn: Mit Hilfe dieser Einsicht können wir es uns viel besser verzeihen, wenn unsere Motivation uns mal wieder hängen lässt, wir an einem (Zwischen-)Ziel scheitern oder den berühmten Hintern nicht hochkriegen. Erst da, wo wir uns vergeben und wieder nach vorne schauen, kann eine frische Motivation entstehen, die uns ihrem Wesen nach freundlich und wohlgesonnen ist. Und nicht Trotz, Bockigkeit, eine Art »Strafe« oder gar »Rache«.

Was unsere Ressource »Energie« betrifft, so können wir diese ein wenig besser beeinflussen als die Motivation. Zuerst einmal können wir dafür sorgen, dass die grundlegenden Voraussetzungen erfüllt und die körperlichen Bedürfnisse zur Verfügungstellung von Energie gestillt sind: Hierzu gehören die Aufrechterhaltung und Pflege unserer Gesundheit, die regelmäßige Aufnahme von ausgewogener Nahrung, ausreichend Schlaf, angemessene Erholungsphasen und zwischendurch einfach mal ein bisschen Spaß. Energie ist nichts, was uns ohne unser Zutun unbegrenzt zur Verfügung steht; es handelt sich hierbei um eine endliche Ressource, die wir jedoch durch bestimmte Maßnahmen »aufladen« können.

Voraussetzung hierfür ist, dass wir uns auf unterschiedliche Energielevel einlassen, denn unsere Energie ist eben nicht wie ein Fahrraddynamo, der immer dann für uns arbeitet, wenn wir ordentlich strampeln: Wir brauchen Pausen, um neue Energie zu laden. Wenn wir beim Bild des Fahrrads bleiben, bedeutet dies zum Beispiel, immer mal wieder abzusteigen und zu ruhen, bis wir neue Kraft verspüren; insbesondere dann, wenn es bergauf geht oder wir bereits eine lange Strecke hinter uns haben.

Sollten wir uns erschöpft oder gar verzweifelt fühlen angesichts des Weges, der noch vor uns liegt, gibt es zwei Möglichkeiten: Wir sehen den Weg als Rennen, bei dem es uns nur darum geht, möglichst schnell die Ziellinie zu erreichen – egal in welchem Zustand. Also geben wir Gas und strampeln weiter, ohne Rücksicht auf mögliche Verluste und mit jener eisernen Verbissenheit, die es uns überhaupt ermöglicht, durchzuhalten. Im Sport ist diese Strategie quasi systemimmanent, und es mag auch darüber hinaus extreme Situationen geben, in denen sie sinnvoll sein kann.

Sofern wir aber unser Ziel erreichen möchten, ohne energietechnisch völlig am Ende zu sein, dürfen wir dem vor uns liegenden Anstieg von Zeit zu Zeit guten Gewissens den Rücken zukehren und uns für eine Verschnaufpause in die Blumenwiese neben der Straße werfen.

Ich habe mir mittlerweile angewöhnt, immer dann, wenn ich an einem Punkt nicht weiterkomme, erst einmal auf Abstand zu gehen statt auf Teufel-komm-raus die Zähne zusammenzubeißen und stur weiterzumachen. Anfangs musste ich mich regelrecht dazu zwingen; diese Übung ist für ungeduldige oder ehrgeizige Menschen ein regelrechter Albtraum.

Falls Sie sich dieser Herausforderung demnächst selbst stellen möchten: Machen Sie sich darauf gefasst, dass Sie sogar so eine Art körperlicher Entzugserscheinung verspüren können, wenn Sie zum Beispiel einfach vom Schreibtisch aufstehen und sich selbst verbieten, innerhalb der nächsten ein oder zwei Stunden dorthin zurückzukehren. Statt dann ziellos durch die Bude zu tigern oder Ihren Kleiderschrank aufzureißen mit dem Vorhaben, diesen »mal schnell aufzuräumen« und sich damit gleich wieder zu überfordern: Machen Sie lieber einen Spaziergang, kochen Sie sich was Schönes – oder legen Sie sich einfach hin.

Letzteres ist für mich persönlich der beste Weg, denn nur dann kann ich wirklich abschalten. An Ihrem Arbeitsplatz geht das vielleicht nicht; in diesem Fall müssen Sie eine andere Vorgehensweise entwickeln, um sich vom »Festbeißen« loszueisen. Vielleicht funktioniert das für Sie mit einer stumpfen Tätigkeit wie »Lochen – heften – tackern«, die irgendwann eh getan werden muss. Mit einem kurzen Ausflug in die Teeküche. Oder doch mit dem Aufräumen einer Schreibtischschublade. Hier gilt es ein wenig zu experimentieren und auszuprobieren, was für Sie persönlich in Ihrem individuellen Arbeitsumfeld funktioniert.

Ich persönlich nenne meine eingeschobenen Nickerchen mit Bedacht niemals »Pause« (das würde mir gleich wieder ein schlechtes Gewissen machen!), sondern »Ladezeit«. Seit selbst ich ein Smartphone besitze, weiß ich, wie unverschämt oft diese Geräte gar nicht in der Lage sind, ohne Anbindung an eine Steckdose ihre eigentliche Arbeit zu tun. Im Vergleich dazu bin ich eine höchst effiziente Vorrichtung; das ist ein Gedanke, der mich sehr tröstet. Manchmal, wenn mir der Sinn nach schlechten Witzen steht, behaupte ich mir selbst und anderen gegenüber auch, ich mache »Liegestütze«. Weil das Liegen ja unterm Strich meine geistige Leistungsfähigkeit und Regeneration stützt. Haha.

Wer ehrgeizig ist, der ist außerdem an den Ergebnissen seines Tuns interessiert. So konnte ich mich auf meinem Weg vom Brummkreisel zu einem entspannteren Wesen mit meinen eigenen Waffen schlagen: durch die Erkenntnis, dass die Folgen eines »Festbeißens und Weitermachens um jeden Preis« oft schlimmer sind als kleine Verzögerungen durch eine Unterbrechung und ein bisschen Distanz, welche einen mit neuem Schwung und frischen Ideen an die Aufgabe zurückkehren lassen.

Ständig an unsere Leistungsgrenzen zu gehen ist ebenso wenig eine gute Idee wie Hingabe mit Selbstaufgabe zu verwechseln, und unsere Energie verzeiht uns auf lange Sicht keinen Raubbau. Die Gewissheit, dass wir unsere Energie für eine gute Sache einsetzen, kann uns beflügeln, aber unendlich ist sie auch in diesem Fall nicht.

Bleibt noch die Frage nach der Ressource »Zeit« und wie wir mit dieser umgehen wollen. Wir behaupten oft, zu wenig davon zu haben. Aber stimmt das wirklich? Oder ist es vielmehr so, dass wir zu viel Zeit mit den gefühlt »falschen« Dingen verbringen und deshalb einen Mangel an Zeit für die »richtigen« Dinge verspüren?

Genauso wie wir ab und zu einen Kassensturz im Geldbeutel machen, können wir dies mit unserem Zeitkonto tun und abgleichen, wie deckungsgleich unser »Zeit-Gefühl« mit unserem realen »Zeit-Kontoauszug« ist. Vielleicht finden wir dabei Zeitfresser, denen wir die Einzugsermächtigung entziehen können, sobald sie identifiziert sind, oder wir entdecken überraschende Zeitressourcen, die wir nur »richtig« zu nutzen lernen müssen.

Die Entscheidung, mit wem oder mit was wir unsere Zeit verbringen wollen, können wir zwar aus der Notwendigkeit heraus, für unseren Lebensunterhalt arbeiten zu müssen, nur beschränkt autark treffen. Wir haben aber die Möglichkeit, unsere so genannte »Frei-Zeit« weitgehend selbstbestimmt zu gestalten.

Es ist allein unsere Entscheidung, ob wir auch in unseren vorgeblich »freien« Zeiten ständig Druck verspüren, weil wir dies oder jenes noch erledigen, diese/n oder jene/n noch treffen oder dies oder jenes noch erleben »müssen«. Oder ob wir bestimmte Zeitfenster von solchen

»Verpflichtungen« völlig freihalten und uns diese stattdessen für die ungestörte Beschäftigung mit uns selbst und die innere Einkehr reservieren.

Ein großer Teil des zeitlichen Drucks, den wir verspüren, ist hausgemacht, und er entspringt unter anderem den Ansprüchen an uns selbst, wie zum Beispiel dem Streben nach Perfektion. Auch das Bedürfnis nach Ablenkung von unserem »Alltag« ist ja nur dann vorhanden, wenn in eben jenem Alltag etwas in oder von uns zu kurz kommt – wie zum Beispiel das Gefühl, diesen Alltag selbstbestimmt gestalten zu können. Im Urlaub »endlich mal die Sau rauslassen« zu wollen ist zwar ein nachvollziehbarer Gedanke. Aber wie sollen uns drei oder vier Wochen im Jahr, in denen wir uns die Freiheit der Selbstbestimmung vorgaukeln, über ein ganzes Jahr »Alltagskampf« retten – wenn dies das unterschwellige Gefühl ist, das wir unserem Alltag gegenüber haben?

Dass der Tag nur 24 Stunden hat, die Woche aber leider 5 Arbeitstage und Weihnachten ja fast immer gerade vor der Tür steht, können wir nicht ändern. Wir können aber versuchen, in unserem Alltag jene Zeitfenster zu vergrößern, von denen wir das ehrliche Gefühl haben, dass wir diese selbstbestimmt verbringen.

Je größer diese Zeitfenster sind, desto länger hallen sie in uns nach, und desto stärker ist die Kraft, die wir daraus schöpfen können, um die fremdbestimmten Zeiten gelassen hinzunehmen. Ob und wie wir uns um diese autark gestalteten Zeitfenster bemühen, ist uns allein überlassen; auch das ist Selbstbestimmung.

Das Gefühl, zu wenig Zeit zu haben, erzeugt immer Stress: Wir haben Angst zu spät zu kommen, »das alles« niemals zu schaffen, andere zu enttäuschen oder uns selbst nicht zu genügen. In unseren Köpfen bewerten wir bestimmte Situationen nicht nur über, sondern malen uns auch mögliche negative Folgen aus. Unter Zeitdruck tendieren wir sogar dazu, ganze Assoziationsketten loszutreten, die mit dem aktuellen Moment gar nicht mehr viel zu tun haben: Gedanken wie »eigentlich bin ich völlig überfordert«, »diesen Alarm halte ich nicht mehr lange aus« oder auch schlicht »ich kann das alles nicht« fahren in uns Karussell und sorgen für zusätzlichen Stress.

In der Folge werden wir fahrig, nachlässig, unvorsichtig oder sogar panisch. Der Blutdruck steigt, der Herzschlag wird schneller, der Kopf fängt an zu pochen, die Hände werden feucht, und wir versuchen, die vorgeblich »fehlende« Zeit einzuholen. Das Blöde ist, dass wir uns leider nicht selbst überholen können, und vergangene Zeit ist vergangene Zeit. Wir können nur versuchen, uns davon nicht ins Bockshorn jagen zu lassen, ruhig zu bleiben und die tickende Uhr als das zu nehmen, was sie ist: eine tickende Uhr. Keine Bombe.

Neulich führte ich ein wunderbares Gespräch über die Zeit mit meinem Künstlerkollegen Gerry Friedle alias DJ Ötzi. Gerry ließ darin en passant ein Bonmot fallen, das ich mir daraufhin von innen an die Eingangstür gepinnt habe. Als Mahnung, wenn ich überstürzt und kopflos das Haus verlassen will, weil ich zu spät dran bin. Und dann mal wieder Gefahr laufe, auf dem Weg zum Auto über diese vermaledeite Bodenunebenheit zu stolpern, die schon seit zweihundert Jahren die Bewohner des alten Fachwerkhauses sturzgefährdet. Dieses Bonmot lautet: »Wenn du es eilig hast – geh langsam.«

Es steckt so viel darin. Danke, Gerry.

Lektion 10 auf der Coaching-Couch:

Fragen zum Wohnfühlen

1. Sind meine Vorstellungen unter Berücksichtigung der materiellen und immateriellen Ressourcen realistisch?

2. Ist mein Budgetplan durchdacht und vollständig? Habe ich bei größeren Renovierungs- oder Baumaßnahmen einen Budgetpuffer von mindestens 20-25% eingeplant?

3. Habe ich für Maßnahmen, die eine größere Investition benötigen, mindestens zwei Angebote eingeholt, die ich miteinander vergleichen kann?

Lektion 10 auf der Coaching-Couch:

Leitsätze fürs Leben

1. Lerne Deine Kräfte richtig einzuschätzen und aufzuteilen. Sieh Deine »Ladezeiten« als grundlegende Notwendigkeit, nicht als Luxus oder etwas, das Du Dir »gönnen« musst. Genieße sie guten Gewissens.

2. Erlaube Dir Abstand, wenn Du einmal nicht weiterkommst. Wenn Du es eilig hast: Geh langsam.

3. Versuche jene Zeitfenster zu vergrößern, die Dich selbstbestimmt agieren lassen. Hiervon wirst Du in jenen Momenten zehren, in denen Du Dich der Fremdbestimmung nicht entziehen kannst.

11

Von Achtsamkeit, Konzentration und weshalb es genau richtig ist, niemals »fertig« zu werden

Erinnern Sie sich an Beppo, den Straßenkehrer aus Michael Endes »Momo«? – Um seiner kleinen Freundin Momo zu erklären, wie er seinen Job durchhält, der niemals ein Ende zu haben scheint, sagt Beppo:

»Manchmal hat man eine sehr lange Straße vor sich. Man denkt, die ist so schrecklich lang; das kann man niemals schaffen, denkt man. Und dann fängt man an, sich zu eilen. Und man eilt sich immer mehr. Jedes Mal, wenn man aufblickt, sieht man, dass es gar nicht weniger wird, was noch vor einem liegt. Und man strengt sich noch mehr an, man kriegt es mit der Angst zu tun und zum Schluss ist man ganz außer Puste und kann nicht mehr. Und die Straße liegt immer noch vor einem. So darf man es nicht machen. Man darf nie an die ganze Straße auf einmal denken, verstehst du?«[6]

Irgendwie sind wir alle ein bisschen Beppo und kennen das Gefühl, niemals »fertig« zu werden. Von einem philosophischen Ansatz aus betrachtet ist das auch gut so, denn wenn wir erst mal »fertig« sind, dann sind wir tot. Und doch fällt es uns schwer, »unsere« Straße als jene Dauerbaustelle zu akzeptieren, die sie ist und bis ans Ende unserer Tage auch bleiben wird.

Was Michael Ende da in der Figur seines »Beppo« entwirft, ist die Mensch gewordene Verbildlichung einer Weisheit, die wir alle kennen. Diese lautet: »Der Weg ist das Ziel«, und die meisten von uns sind ihr schon dutzendfach begegnet. Aber Hand aufs Herz: Inwiefern nehmen wir diese Weisheit wirklich an und machen uns beherzt daran, unsere »Straße« entsprechend Schritt für Schritt zu »kehren«?

Michael Ende gibt uns durch die klugen Ausführungen des Straßenkehrers eine Empfehlung dafür an die Hand: »Man muss immer nur an

[6] Michael Ende: „Momo“, Erstausgabe: 1973, Thienemann-Verlag

den nächsten Schritt denken, an den nächsten Atemzug, an den nächsten Besenstrich«, erklärt Beppo. »Dann macht es Freude; das ist wichtig, dann macht man seine Sache gut. Und so soll es sein. Auf einmal merkt man, dass man Schritt für Schritt die ganze Straße gemacht hat. Man hat gar nicht gemerkt wie, und man ist nicht außer Puste. Das ist wichtig.«

Was Ende hier vor knapp fünfzig Jahren beschreibt, bezeichnen wir heute auch als »Achtsamkeit«: Die Fähigkeit, im Moment zu sein, diesen mit allen Sinnen und Emotionen bewusst wahrzunehmen, sich ihm – samt der Aufgabe, die er mit sich bringt – voll zu widmen. Wer achtsam ist, ist sich trotz dieser Fokussierung seines Umfeldes, des »großen Ganzen« auch abseits seiner »Straße« bewusst und versteht den Moment immer als sinnbehaftet, auch wenn dieser auf den ersten Blick entbehrlich oder als ein Hindernis erscheinen mag.

Die Achtsamkeit im Sinne der Fokussiertheit können wir vielleicht auch als »mit den Gedanken nicht woanders sein« beschreiben. Kennen Sie dieses Gefühl, wenn Sie durch Ihre Wohnung laufen und plötzlich vergessen haben, wo Sie eigentlich hin oder was Sie dort tun, holen oder nachschauen wollten? – Das ist ein typisches Beispiel für Situationen, in denen wir eben nicht achtsam sind. Wir versuchen, eine Tätigkeit zu erledigen, denken dabei aber schon an eine andere, die noch vor uns liegt, oder an eine andere »Baustelle« in unserem Leben.

Wir tun das zum Beispiel, weil wir versuchen, möglichst effizient zu sein. Dann »spulen« wir Tätigkeiten oder Handgriffe, die zu erledigen wir regelmäßig gewohnt sind und die wir »verinnerlicht« haben, mehr oder weniger automatisiert ab. Gedanklich fokussiert sind wir in diesem Moment aber auf ganz andere Dinge: den nächsten Einkauf, die morgige Besprechung, das kranke Kind.

Sind wir bei unseren Routinetätigkeiten unachtsam, erkennen wir das oft erst, wenn uns bei diesen vermeintlich rein mechanisch zu bewerkstelligenden Verrichtungen Fehler unterlaufen. Schneiden wir uns beim Zwiebelhacken in den Finger, flutscht uns beim Wäscheaufhängen immer wieder das Laken aus der Hand oder vergessen wir beim Abzählen der Messlöffel für die Kaffeekanne plötzlich, wie weit wir schon waren, bemerken wir, dass wir unaufmerksam waren. Und erhalten hierfür umgehend die (manchmal schmerzhafte) Quittung. Waren wir besonders tief in andere Gedanken versunken, kann sich dieser Moment des

»Bewusst-Werdens« sogar wie die unsanfte Rückkehr in die Realität aus so einer Art Trance anfühlen.

Die bewusste Fokussierung können wir trainieren, indem wir uns auch bei simplen Tätigkeiten vornehmen, unsere Gedanken bei der Sache zu halten. In den ersten »Übungseinheiten« funktioniert das am besten, wenn wir für deren Dauer Ablenkungsquellen reduzieren, bis wir so weit sind, dass selbst Ablenkungen uns nicht mehr aus dem Fokus bringen.

Für den Anfang also vorzugsweise: Kein Medienkonsum »nebenbei«, das Telefon auf lautlos stellen, die Zimmertür oder das Fenster schließen; auch bei Tätigkeiten wie dem eben erwähnten Wäscheaufhängen parallel keine Suppe auf dem Herd haben. Und dann: Sich dem Abwasch hingeben. Oder der Bügelwäsche. Oder dem Unkraut im Garten. Oder der Lieblingsplatte von vor vielen Jahren. (In diesem Fall ist der Medienkonsum natürlich unvermeidbar, aber wann haben Sie das letzte Mal bewusst Musik gehört, ohne nicht nebenbei weitere Dinge zu erledigen?)

Probieren Sie's einfach mal aus! Kostet nix, tut nicht weh, und selbst wenn Ihnen solche Modebegriffe wie »Achtsamkeit« eigentlich sonst wo vorbeigehen: Schaden kann's nicht. Sehen Sie's als sportliche Herausforderung. So fing es auch bei mir an. Und wissen Sie was? Mittlerweile habe ich eine regelrecht diebische Freude an meinem Achtsamkeitstraining entwickelt!

Ich kombiniere es seit etwa einem Jahr mit einem wöchentlichen Schwimmprogramm, bei dem ich abwechselnd eine bestimmte Anzahl von Bahnen zurückzulegen habe: mal auf dem Rücken, mal kraulend, mal im Wasser radfahrend. Dabei scheitere ich immer wieder fröhlich an der eigenen Aufgabenstellung: Trotz aller Bemühungen, mit meinen Gedanken im Moment und im bewussten Zählen der Bahnen zu bleiben, erwische ich mich bis heute regelmäßig dabei, mich zu dieser Aufgabe regelrecht »zurückholen« zu müssen. Und keine andere Wahl zu haben, zur Kontrolle doch noch mal nachzuzählen; manchmal sogar mit Hilfe der Finger, weil ich meinen Fokus zwischendurch komplett verloren habe. Dann fühle ich mich wie ein kleines Kind, das gerade das Rechnen erlernt, und wundere mich doch sehr über mich selbst.

Zwar halte ich mich eigentlich für eine Frau, die das mit der Konzentration grundlegend gut hinbekommt; es wäre sonst schwierig, ganze

Bücher zu schreiben. Ein Konzept wie »Achtsamkeit« gezielt in mein Leben zu integrieren, erschien mir deshalb überflüssig und nur was für Leute, die ein neues hippes Hobby brauchen oder einen weiteren Götzen auf dem Weg zur unermüdlichen Selbstoptimierung. Die »Zählsessions im Schwimmbecken« haben mir jedoch gezeigt, dass »Konzentration« mit »Achtsamkeit« eben nur begrenzt gleichzusetzen ist: Würde ich mich im Schwimmbecken »nur« konzentrieren und wäre dabei nicht auch achtsam, so liefe ich zum Beispiel Gefahr, mit der ollen Rübe beim Rückenschwimmen ständig an die Beckenkante zu stoßen.

Konzentration verstehe ich deshalb als einen punktuellen Zustand, der mir für einen bestimmten Zeitraum eine Art »Tunnelblick« erlaubt, ohne dass dieser größeren Schaden anrichten kann. Achtsamkeit hingegen begreife ich als eine dauerhafte Grundhaltung bei der Bewältigung meiner persönlichen »Straße«: Sie ermöglicht es mir, mich auf eine Aufgabe zur Zeit zu fokussieren und meine einzelnen Schritte einen nach dem anderen so zu setzen, dass ich mich ohne Überforderung und in meinem eigenen Tempo stetig fortbewege. Es ist dabei nicht (mehr) mein Ziel, »endlich fertig zu werden«, sondern den Weg zu einem größeren Teil zu genießen als ihn zu verfluchen.

À propos »fertig werden«: Auch die Gestaltung unseres Zuhauses werden wir so lange nicht abschließen, wie wir uns selbst immer wieder verändern. Wenn wir also laufend darauf hinarbeiten, irgendwann »durch« damit zu sein, dann tut uns das gar nicht so gut: Wir fühlen uns dann nicht nur getrieben, sondern auch, als würden wir gegen Windmühlen ankämpfen. Wer bereits die Verantwortung für ein Haus trägt, weiß das nur zu gut: Kaum haben wir an einer Ecke Arbeiten abgeschlossen und glauben durchatmen zu können, entdecken wir in der nächsten Ecke schon wieder neue Mängel oder zumindest Verbesserungsbedarf.

Besser für unseren inneren Frieden ist es deshalb, die eigenen vier Wände als so eine Art lebenden Organismus zu verstehen. Dieser wird laufend unsere Aufmerksamkeit fordern, und er hat sie auch verdient, sofern wir uns darin rundum wohlfühlen wollen. Betrachten Sie Ihr Zuhause nicht als Projekt, das es abzuschließen gilt, sondern als Hobby, von dem Sie eigentlich gar nicht genug bekommen können (haha). Oder vielleicht auch als so eine Art Haustier, dem Sie sich gern widmen. Weil Sie es lieben.

Voraussetzung dafür ist natürlich, dass Sie das auch wirklich tun. Wie sieht es denn bei Ihnen aus? Was ist Ihre Wohnung für Sie? Ist sie jener Ort, an dem Sie sich geborgen, sicher und aufgehoben fühlen und an dem Sie die »böse Welt« vorübergehend draußen lassen können, um sich dieser dann gestärkt wieder zu stellen? Wenn Sie an Ihr »Zuhause« denken – breitet sich dann dieses wunderbar warme Gefühl in Ihrem Bauch aus und erfüllt Sie mit Dankbarkeit? Lächeln Sie, wenn Sie an Ihre »Höhle« denken, und verspüren Sie so etwas wie Heimweh, wenn Sie länger abwesend sind?

Sollten Sie diese Fragen mit einem klaren »Ja!« beantworten können und dabei am besten auch noch über das ganze Gesicht strahlen: Das ist großartig und die beste Voraussetzung dafür, sich – gegebenenfalls auch durch umfangreichere Vorhaben oder Umbauten – noch enger an diese vier Wände zu binden.

Sollten Sie diese Fragen hingegen verneinen, lange darüber nachdenken müssen oder an der richtigen Antwort zweifeln, dann gehen Sie der Sache am besten auf den Grund. Woran liegt's? Was genau fehlt Ihnen, emotional oder in Bezug auf die Gegebenheiten, die Sie vorfinden? Können Sie Ihre Zweifel oder Einwände konkret formulieren, oder ist es mehr so ein Bauchgefühl, das Sie skeptisch sein lässt? Ist es vielleicht gar nicht das Objekt selbst, das Sie bei Ihren Antworten zögern lässt, und stattdessen denken Sie unterschwellig an Ihre blöden Nachbarn, die Sie wahlweise mit ihrer Kleinkariertheit oder mit ihrem Getrampel an den Rand des Wahnsinns treiben?

Die Bedeutung einer funktionierenden Nachbarschaft dürfen wir nicht unterschätzen, denn die tollste Wohnung kann uns zur Hölle werden, wenn wir uns darin aufgrund der Störungen von gegenüber oder nebenan eben nicht hundertprozentig wohlfühlen können. »Störung« ist hierbei ein dehnbarer Begriff: Unser Nachbar braucht nicht ständig Amok zu laufen oder mit dem Besenstiel an die Decke zu klopfen, um dafür zu sorgen, dass wir uns gestresst, genervt oder unter Druck gesetzt fühlen. Manchmal reicht es völlig, wenn wir wissen, dass ein Unsympath genau unter uns eine Etage tiefer hockt. Und dann jedes Mal im Treppenhaus denken, »hoffentlich begegne ich dem nicht«. Ignorieren Sie so etwas bitte auf keinen Fall, wenn Sie darüber nachdenken, wie groß Ihre Liebe zu Ihrer derzeitigen Bleibe wirklich ist. Oder wenn Sie mit dem Gedanken spielen, ein Objekt zu erwerben, um dauerhaft zu bleiben.

Und: Halten Sie mich bitte nicht für verrückt, aber ich glaube fest daran, dass auch Häuser eine Art Ausstrahlung oder Aura haben, mit der wir persönlich entweder klarkommen oder auch nicht. Altbauten haben immer eine Geschichte, und diese nehmen die Sensibelchen unter uns auf die eine oder andere Art durchaus un(ter)bewusst wahr: Manche Objekte hinterlassen bei einigen von uns schlicht ein diffus ungutes Gefühl, wenn wir uns darin aufhalten. Das kann sich in innerer Unruhe äußern, in einem generellen Unwohlsein oder sogar in purer Angst, die wir uns nicht logisch erklären können.

Auf der anderen Seite gibt es auch so etwas wie »Liebe auf den ersten Schritt«: Dann betreten wir ein Gebäude und fühlen uns plötzlich wie angekommen und tief verbunden mit dem Gemäuer, auch wenn wir logisch betrachtet noch gar keine Beziehung zum Objekt aufbauen konnten.

Sollten Sie darüber nachdenken, eine Immobilie zu kaufen: Lassen Sie Ihre Bauchgefühle bei Besichtigungen unbedingt zu – auch das ist eine Form der Achtsamkeit! Oder, um zu unserer Unterscheidung zwischen »Achtsamkeit« und »Konzentration« zurückzukehren: Natürlich sollen Sie sich darauf konzentrieren, dass das Objekt, das in die engere Wahl kommt, bezüglich der Fakten zu Ihnen passt. Preis, Größe, Lage, Zuschnitt – all das muss sich einfügen. Sollten diese Umstände Ihren Wünschen und Vorstellungen zwar entsprechen, Ihr Bauch oder irgendeine unklare Emotion jedoch Alarm schlagen: Hören Sie hin, und seien Sie achtsam.

Insbesondere bei Altbauten empfehle ich vor einer finalen Kaufentscheidung, sofern dies irgendwie realisierbar und mit den bisherigen Bewohnern bzw. Eigentümern vereinbar ist: Wohnen Sie Probe! Versuchen Sie, mindestens eine Woche lang im Objekt Tage und auch Nächte zu verbringen. Das kann sehr aufschlussreich sein, und angesichts der Tatsache, dass ein Immobilienkauf für die meisten von uns die größte Investition unseres Lebens ist, können und dürfen wir diesen Wunsch durchaus äußern, bevor wir uns unter Umständen für ein Leben lang binden. Eine Ehe schließen Sie ja auch nicht, bevor Sie mit Ihrem künftigen Partner nicht wenigstens vorübergehend »probegewohnt« haben.

Lektion 11 auf der Coaching-Couch:

Fragen zum Wohnfühlen

1. Kann ich mein Zuhause liebevoll als eine Art Organismus betrachten, der immer wieder meine Aufmerksamkeit benötigen wird? Bin ich mir dessen bewusst, dass ich mit meinen vier Wänden nie wirklich »fertig« sein werde, solange auch ich selbst mich verändere?

2. Bei der Planung größerer Vorhaben oder Umbauten: Beruhen diese auf der ausreichenden Zuneigung zum Objekt? Bin ich mir sicher, dass ich dauerhaft bleiben möchte und dass mein Vorhaben sinnvoll ist?

3. Falls ich über den Kauf eines Objektes nachdenke: Habe ich mich nicht nur auf die harten Fakten konzentriert, sondern bin ich auch achtsam gegenüber dem Bauchgefühl, das dieses Objekt mir vermittelt? Habe ich die Option eines »Wohnens zur Probe« in Betracht gezogen?

Lektion 11 auf der Coaching-Couch:

Leitsätze fürs Leben

1. Akzeptiere, dass Deine »Straße« eine Dauerbaustelle und das auch genau richtig so ist.

2. Vertraue darauf, dass Dich auf Deinem Weg auch jene Schritte, die Dir zunächst überflüssig oder gar als Hindernis erscheinen, weiterbringen werden.

3. Unterscheide zwischen »Achtsamkeit« und »Konzentration«. Achte darauf, Dir einen durch Konzentration entstehenden Tunnelblick nur zeitweise zuzugestehen.

12

Bleibe flexibel, ohne den Halt zu verlieren

Flexibilität – hier verstanden als die Fähigkeit, sich laufend verändernden Gegebenheiten anpassen zu können – gewinnt an Wichtigkeit. Aktuelle Lebensläufe lesen sich nur noch selten so linear, wie es bei vorherigen Generationen der Fall war. Wir wechseln öfter die Arbeitgeber, Beschäftigung und Wohnorte. Manche von uns integrieren diese Flexibilität sogar – zumindest für eine bestimmte Zeitspanne – als einzige »Konstante« in ihr Leben: Die so genannten »digitale Nomaden« können ihren Tätigkeiten unabhängig von einem festen Wohnsitz überall auf der Welt nachgehen, solange sie dort eine zuverlässige Internetverbindung vorfinden.

Parallel zu dieser Entwicklung leben immer mehr Menschen auf der Welt in großen Städten, in denen Platz Mangelware ist und die Facetten des Lebens auf nur wenigen Quadratmetern untergebracht werden müssen. 1985 lebten 41,2% der Weltbevölkerung in Städten, 2020 waren es bereits 56,2%, bis zum Jahr 2050 sollen es laut Prognosen etwa 68% sein[7]. Spannend daran ist: Gerade weil wir das direkte Lebensumfeld mit so vielen anderen Menschen teilen, versuchen wir nun erst recht, unsere Einzigartigkeit qua Lebensstil zu betonen und diese sowohl uns selbst als auch anderen gegenüber sichtbar zu machen. Die daraus resultierende Individualisierung gehört zu jenen so genannten »Megatrends«, die langfristig und global unsere Gesellschaften verändern.

Für Innenausbau und Möbelindustrie bedeutet das: Angebote und Produkte müssen diesem gewachsenen Anspruch an die Flexibilität und dem zunehmenden Wunsch nach Personalisierung gerecht werden. Standardangebote oder starre Entwürfe werden uninteressanter; modulare Konzepte und Möbelsysteme, die sich nachträglich erweitern, anpassen oder umgestalten lassen, gewinnen an Bedeutung. Möbelstücke werden

---

[7] Quelle: statista.com

leichter und mobiler, kommen auf Rollen daher oder punkten durch Multifunktionalität.

Die massive Wohnwand, die früher den Look der deutschen Stuben bestimmte, gehört längst nicht mehr zur Standardausstattung, und auch überdimensionale Sitzgruppen stehen nur noch vereinzelt im Mittelpunkt der Wohnzimmer. Statt auf das klassische Dreiersofa wird mehr Wert auf so genannte Liegelandschaften gelegt, die mit Hilfe von verstell- oder verschiebbaren Elementen flexible Entspannung ermöglichen, und darum herum gruppieren sich auch nicht mehr zwingend die passenden klobigen Sessel. Stattdessen macht sich bevorzugt ein fröhlicher Stilmix breit, der es uns erlaubt, Altes mit Neuem zu kombinieren und unser Wohnumfeld mit wenigen Handgriffen einer veränderten Situation anzupassen.

Sollten Sie demnächst eine Neuanschaffung planen: Es kann sich lohnen, in das Thema der Multifunktionalität ein wenig tiefer einzusteigen. Vielleicht können Sie zwei Fliegen mit einer Klappe schlagen, und Ihr neuer Beistelltisch lässt sich im Sommer auch auf dem Balkon nutzen (wenn Sie darauf achten, dass er durch die entsprechende Tür passt und dass Sie ihn leicht bewegen können). Oder Ihr neuer Wohnzimmerschrank gibt durch die klassische »Sekretär«-Funktion bei Bedarf einen kleinen Schreibtisch für Home-Office-Zeiten frei. Für Ihr Gästezimmer kann es sinnvoll sein, nach einem Schrankbett zu schauen, das sich in besuchsfreien Zeiten einklappen lässt. Die Idee ist alt, aber es gibt ausgeklügelte und sehr attraktive aktuelle Modelle. Reserve-Klappstühle für spontane Gäste lassen sich mit Hilfe von Haken an der Wand aufhängen und wirken dann sogar wie Designobjekte; es gibt Schreibtischplatten zur Befestigung an der Wand (schauen Sie auch nach so genannten »Schwebetischen«) und sogar Tische, welche sich aus einer Box in Größe eines Bürocontainers herausziehen lassen, während die Box auch dann Stauraum bietet, wenn der Tisch »eingefahren« ist. Mit Hilfe von »begehbaren« Eckkleiderschränken können auf kleiner Fläche Ankleidebereiche geschaffen werden, und halbhohe Betten mit integrierten Unterbringungsmöglichkeiten lassen uns leicht erhöht auf einem Teil unseres Hausstandes ruhen, ohne dass wir hierfür eine halsbrecherische Leiter erklimmen müssen.

Der Wermutstropfen: Ansprechendes Design bei ausgeklügelter Multifunktionalität, welche länger als nur eine Saison ihren Dienst tut, ist teuer.

Wenn Sie in diesem Segment schauen, machen Sie sich darauf gefasst, dass Sie Ihren Geldbeutel unter Umständen weiter öffnen müssen, als Sie das zunächst erwarten. Ein sorgfältiges Abwägen über Kosten und Nutzen ist hier also besonders angebracht.

Flexibilität sollten Sie auch im Hinblick auf die Lichtinstallationen in Ihren vier Wänden ganz oben auf der Prioritätenliste notieren. Wir sind diesem Thema in Kapitel 4 bereits begegnet; ich komme angesichts seiner Wichtigkeit noch einmal darauf zurück. Denn es gibt nichts, was unsere Stimmung so sehr beeinflusst wie das Licht: Ist es zu grell, wenn uns der Sinn nach Gemütlichkeit steht, kann uns das die Entspannung verwehren. Ist es hingegen nicht hell genug, wenn wir knifflige Aufgaben erledigen möchten – vom berühmten Kamel, das durchs Nadelöhr soll, bis hin zum Lösen des täglichen Kreuzworträtsels vor dem Zubettgehen – kann uns auch das in den Wahnsinn treiben. Achten Sie also darauf, für alle Fälle vorzusorgen, und installieren Sie sowohl ein Arbeits- als auch ein Wohnlicht.

Das Arbeitslicht kann gar nicht hell genug sein. Es wird überall dort benötigt, wo wir genauer hinschauen müssen und präzise Tätigkeiten verrichten: in der Küche, am Badezimmerspiegel oder Schminkplatz, rund um Kleiderschränke und Kommoden, im Bürobereich oder an unserem Leseplatz. Dieses Licht ist ein punktuelles Licht mit einem Lichtstrahl, der im Idealfall flexibel ausgerichtet werden kann. Das Arbeitslicht sollte eher kalt sein, also weißstichig: Dieses wirkt auf uns belebend und motivierend.

Kaltes Licht hat eine hohe Farbtemperatur, das heißt: Je höher die Angabe des Lumen-Wertes, desto kälter das Licht. Tageslicht hat einen Lumenwert von 5600; ein Lumenwert von 1200 bis etwa 1500 hingegen entspricht der Farbtemperatur von Kerzenlicht. Den Lumenwert von Leuchtmitteln können Sie der jeweiligen Verpackung entnehmen.

Das Wohnlicht ist ein warmes Licht mit geringerem Lumenwert. Wir nehmen es eher als gelblich oder orangestichtig wahr, und um uns das Gefühl der Geborgenheit und Wärme zu vermitteln, sollte es diffus im Raum verteilt werden statt punktuell zu strahlen. Diese Aufgabe der »Diffusion« übernehmen zum Beispiel der Lampenschirm, die Anordnung der einzelnen Lichtkörper oder andere Designmerkmale der Leuchte. Klassisches Beispiel für die Kombination von Wohn- und Arbeitslicht sind Stehlampen, die im oberen Teil ihr Licht in Form eines Deckenfluters oder durch einen Schirm hindurch abgeben und am unteren Teil einen flexiblen Arm mit einer sehr hellen, zuschaltbaren Lichtquelle bereithalten.

Beim Thema »Licht« dürfen Sie bezüglich der Flexibilität verschwenderisch sein: Je flexibler und mannigfaltiger Ihre Lichtquellen, desto besser wird es Ihnen gelingen, das Licht an die jeweilige Stimmung und Situation anzupassen. Verwenden Sie dimmbare Lichtquellen, wo immer dies möglich ist, und nutzen Sie die vielen Möglichkeiten! Zum Glück werden Leuchtmittel immer effektiver; Sie brauchen also keine Energiefresser mehr zu befürchten, wenn Sie diese mit Bedacht auswählen. LED-Streifen oder LED-Tischleuchten haben einen geringen Verbrauch und verwandeln unser Wohnzimmer mal in einen coolen Club, mal in eine schummrige Bar und mal in ein lichtdurchflutetes Loft. Viele Modelle benötigen nur zum Aufladen die Nähe einer Steckdose; außerhalb der Ladezeiten können Sie sie überall nutzen, wo Sie mögen, auch auf der Terrasse oder dem Balkon.

Mit Hilfe von Lichtern, die sich ebenfalls wieder aufladen lassen und durch einen kleinen Aufkleber sowie einen Magneten dort befestigt werden, wo keine Steckdose zur Verfügung steht, sorgen Sie auch in Schränken für Helligkeit. Oder haben immer eine mobile »Erleuchtung« für den Weg zum Briefkasten, zum Schuppen oder zur Mülltonne zur Hand, ohne eine Taschenlampe mit Batterien bereithalten zu müssen. Achten Sie bei diesen Lichtern am besten darauf, dass sie eine Bewegungsmelder-Funktion besitzen. Ich habe in meinem alten Haus, das eine mörderische Treppe zum Obergeschoss bereithält, mehrere solcher Lichter am antiken Treppengeländer befestigt, damit sowohl der Schornsteinfeger als auch ich im Bedarfsfall sicher auf den Dachboden gelangen. Anekdote am Rande: Manchmal löst die Katze scheinbar absichtlich die Bewegungsmelder aus, thront auf der Treppe und genießt nicht nur die Aussicht, sondern auch die Gewissheit, bestens ausgeleuchtet zu sein und von allen Anwesenden bewundert zu werden. Das sieht dann ein wenig so aus, als würde sie sich sonnen – nicht nur im Schein der Lichter, sondern auch im eigenen Glanze.

Auf das Leben übertragen, verstehe ich das Prinzip der Flexibilität vor allem als die Fähigkeit, offen zu bleiben, laufend dazuzulernen und Neuem gegenüber aufgeschlossen zu sein. Dazu gehört, dass ich mich bewusst auf Begegnungen, Situationen und Herausforderungen außerhalb des Gewohnten einlasse.

Kennen Sie die Begriffe der »Filterblase« oder der »Echokammer«? – Der Terminus »Filterblase« bezeichnet jene Milieus und Menschengruppen, in denen wir uns (selbst)sicher bewegen, weil wir sie kennen, uns darin zugehörig fühlen und welche uns in der Kommunikation oder in der Auseinandersetzung möglichst wenig Anstrengung bereiten. Der Begriff der »Echokammer« stammt eigentlich aus der Tontechnik und bezeichnet in seinem ursprünglichen Sinne den Raum in einem Studio, der ein analoges Echo erzeugen kann: »Dieser Raum ist so konzipiert, dass er den Schall reflektiert und zurückwirft. Dadurch entsteht der charakteristische Effekt des Echos.«[8]

Die heutige Verwendung des Begriffs hat sich aus der Wahrnehmung entwickelt, dass wir uns öfter in die ausschließliche Gesellschaft von Gleichgesinnten begeben, als uns dies im Hinblick auf unsere geistige Beweglichkeit guttut. Unser Bestreben dabei ist es, uns möglichst wenig mit gegensätzlichen Meinungen beschäftigen zu müssen und unsere eigene Meinung bestätigt zu bekommen. Dieses Phänomen verstärkt sich, seit wir uns vermehrt in digitalen sozialen Netzwerken bewegen.

Die Gefahr, uns in unserer Filterblase oder Echokammer einzuschließen und nicht zu bemerken, wie viel geistige Flexibilität wir derweil einbüßen, können wir reduzieren. Zusammentreffen mit Menschen außerhalb unserer Filterblase sollten uns eine Selbstverständlichkeit sein, und wenn wir feststellen, dass diese Begegnungen in unserem Leben (mittlerweile) fehlen, dann sollten wir diese initiieren. Am besten in der realen Welt und nicht in der virtuellen: Ehrenamtliches soziales Engagement, die Mitgliedschaft in einem Verein, der Besuch einer Veranstaltung, die uns ihrem Wesen nach »fernstehend« erscheint – all das sind Möglichkeiten, unsere Filterblase aufzubrechen, die Perspektive zu wechseln und unsere mentale Flexibilität zu trainieren. Das Wunderbare daran ist der »Zwei-Wege-Effekt«: Genauso, wie wir die oder den andere/n als »fremd« oder »ungewohnt« wahrnehmen, Vorurteile haben oder Berührungsängste, nimmt uns auch unser Gegenüber ja zunächst als exotisch, andersartig oder wunderlich wahr. Eine einzige Begegnung kann also gleich zwei Sichtweisen verändern! Ist das nicht großartig?!

---

[8] Quelle: das-nettz.de/glossar/echokammer

Besonders gut funktioniert das auf Reisen, wenn wir uns vertrauensvoll und wissensdurstig in eine neue Umgebung begeben und uns darauf einlassen, selbst als »fremd« wahrgenommen zu werden. Das klassische Reisen ist derzeit nicht möglich? – Zum Glück können wir auch reisen, ohne die Koffer packen und unsere Komfortzone physisch verlassen zu müssen. Dafür genügen das Lesen eines guten Buches, das Anschauen eines aufschlussreichen Dokumentarfilms, die Beschäftigung mit einem faszinierenden Kunstwerk oder das Anhören von bislang unbekannter Musik.

Wenn wir uns also unsere Neugier bewahren und uns dessen bewusst sind, dass kein Lebenslauf und keine Geschichte gleich sind; wenn wir anerkennen, dass Unterschiede und Vielfalt den Reichtum unserer Welt ausmachen; wenn wir annehmen, dass wir uns Interesse und Respekt ebenso wünschen dürfen, wie unser Gegenüber sie verdient hat: Dann bleiben wir beweglich im Herzen und im Kopf und bereiten uns selbst Freude und Überraschungen.

Lektion 12 auf der Coaching-Couch:

Fragen zum Wohnfühlen

1. Sollte ich bezüglich meiner geplanten Neuanschaffung modulare Konzepte bzw. Möbelsysteme in Betracht ziehen, deren Elemente ich auf meine Bedürfnisse ausrichten, an Platzverhältnisse anpassen oder auch im Nachhinein noch erweitern kann?

2. Ist es sinnvoll, bei meiner geplanten Neuanschaffung auf Mobilität zu achten?

3. Habe ich bei meiner Lichtplanung die unterschiedlichen Alltagssituationen berücksichtigt (Wohnlicht/ Arbeitslicht)?

Lektion 12 auf der Coaching-Couch:

Leitsätze fürs Leben

1. Lass Dich bewusst auf Begegnungen außerhalb Deiner Filterblase oder Echokammer ein. Am besten in der realen und nicht in der virtuellen Welt.

2. Kein Lebenslauf, keine Geschichte sind gleich. Begrüße Unterschiede und Unbekanntes und begegne ihnen mit Interesse und Respekt.

3. Reisen – ob im Kopf oder indem Du tatsächlich Deine Koffer packst – bildet. Nur wer hin und wieder aufbricht, kann auch gern wieder nach Hause kommen.

13

Äußere Ordnung und innere Aufgeräumtheit

Eine Blitzumfrage unter Freunden und Bekannten für dieses Buch hat ergeben: Die meisten von uns fühlen sich besser und können dann am besten arbeiten, wenn im direkten Umfeld eine gewisse Ordnung herrscht. Von 22 Befragten haben nur drei gesagt, dass sie sich im buchstäblichen »kreativen Chaos« am wohlsten fühlen. Von diesen drei Personen haben zwei gleich hinzugefügt, dass dies nur bis zu einem gewissen Grad zutrifft und sie spätestens dann rund um Schreibtisch & Co. aufklaren, wenn sie mehr Zeit mit Suchen verbringen als mit den anstehenden Aufgaben an sich. Welcher Typ sind Sie?

In diesem Kapitel steht nicht das Aufräumen selbst im Mittelpunkt. Es geht vielmehr darum, wie wir eine Grundordnung installieren können, die uns das Alltagsleben erleichtert. Das Fahnden nach Gegenständen oder Dokumenten macht niemandem von uns Spaß, und wir sparen eine Menge Zeit und Nerven, wenn wir die Notwendigkeit dessen reduzieren. Das ist eigentlich nicht schwer: Wer einen Gegenstand nach Gebrauch genau dorthin zurücklegt, wo er hingehört, der wird tatsächlich nie wieder nach etwas suchen, ja genau genommen nicht einmal mehr aufräumen müssen.

Dass wir an dieser simplen Aufgabe scheitern, liegt meistens daran, dass wir die grundlegenden Hausaufgaben noch nicht gemacht und unseren Gegenständen eben keine festen Plätze zugewiesen haben. Darin jedoch liegt das ganze Geheimnis! Denn das »Dinge von A nach B tragen« ist beim Aufräumen das kleinere Problem. Die eigentliche Schwierigkeit ist dieser Moment, wenn wir nicht wissen, wohin überhaupt mit dem Ding, das wir da gerade in der Hand halten und wegräumen wollen. Insbesondere die kleinen Gegenstände sind es, die uns aufhalten: Wohin mit dem Nähzeug? Mit der Schuhcreme und der Wildlederbürste? Mit dem Bindfaden, dem Blumendraht oder dem Feuerzeuggas? Dem Pflaster und den Mullbinden?

All diese kleinen Helferlein brauchen wir nicht allzu oft, aber wenn wir sie einmal brauchen, dann sollen sie möglichst schnell zur Hand sein.

Ich empfehle zur Aufbewahrung solcher Utensilien vorzugsweise Schubladen: Diese geben ihren Inhalt auf einen Blick preis. Außerdem können Sie innerhalb der Laden mit weiteren Sortierungssystemen arbeiten, die verhindern, dass der Inhalt der Lade munter durcheinanderpurzelt und Sie doch wieder kramen müssen. Für solche Ordnungshilfen brauchen Sie noch nicht einmal Geld auszugeben. Ich nutze in meinen Schubladen kleine Schachteln, wie sie im Alltag als Müll anfallen: die transparenten Kunststoffboxen von Wattestäbchen zum Beispiel oder auch kleine Gläser, Schalen oder Körbchen, welche von der Höhe her in die jeweilige Schublade passen. Das Material handelsüblicher Verkaufsverpackungen ist oft so flexibel, dass diese in der Schublade regelrecht »eingeklemmt« und ineinander verkeilt werden können: Auf diese Weise geben sie sich gegenseitig Halt und bleiben auch beim schnelleren Öffnen der Lade an Ort und Stelle.

Insbesondere in sogenannten »kleinteiligen« Räumen wie dem Badezimmer, der Küche oder dem Büro sind Schubladen eine Allzweckwaffe, von der wir meiner Meinung nach nie genug haben können: Mit ihrer Hilfe nutzen wir den vorhandenen Platz optimal aus, und die geschlossenen Fronten vermitteln einen weitaus aufgeräumteren Eindruck als offene Regale. Schränke mit tiefen Regalfächern bieten zwar ebenfalls die geschlossene Front, aber hier laufen wir Gefahr, »in Schichten« einzuräumen – und schwupps!, haben wir das Fondueset, die Vase oder die Teekanne, die ganz hinten stehen, gar nicht mehr auf dem Zettel. »Aus den Augen, aus dem Sinn« heißt es dann: Vielleicht haben Sie es bei einem Umzug schon erlebt, wie Sie staunend Dinge aus der hintersten Regalecke ziehen, von denen Sie nicht mehr wussten, dass Sie sie überhaupt besitzen!

Manche von uns bringen ihre kleinen Helferlein in größeren Kartons unter und stapeln diese dann aufeinander. Für die Optik und die Reduzierung von Stellfläche mag das zunächst prima sein. Aber spätestens, wenn Sie auf die Schnelle an die unterste Box wollen und erst mal die sechs anderen, die obenauf stehen, leise fluchend aus dem Weg räumen müssen, werden Sie sich Schubladen herbeiwünschen.

Dabei muss es nicht die riesige Kommode sein: Es gibt viele kleine Möbelstücke wie Anrichtetischchen, Sideboards oder auch schmale Türmchen im Stil des Apothekerschrankes, die in einer ungenutzten Ecke unterkommen können, ohne im Wege zu stehen. Achten Sie nur darauf, unterschiedliche Ladenhöhen zur Verfügung zu haben: Wenn Sie flache Gegenstände in zu hohen Schubladen unterbringen, beginnen Sie unter Umständen doch wieder zu stapeln, um den vorhandenen Platz voll zu nutzen, und das ist nicht im Sinne des Schubladenerfinders.

Sollten Ihre Nerven immer wieder leiden, weil das mit dem »Ordnung halten« in Ihrer Familie nur – sagen wir mal – rudimentär funktioniert: Gönnen Sie jedem Familienmitglied das, was ich einen »Klöterkorb« oder eine »Klöterschublade« nenne. Hier wird all das hineingeworfen, was Ihre Lieben auf ihren Streifzügen durch Wohnung oder Haus an wahllosen Orten so fallenlassen: Kopfhörer, Notizzettel, Spielzeug, Kassenbelege oder Bonbonpapier, Kabel oder Plastikkarten, einzelne Socken oder die Handschuhe, die im Winter immer wieder achtlos »verloren« werden – ab damit in den Klöterkorb oder die Klöterschublade!

Platzieren Sie diese an einer Stelle in Haus oder Wohnung, an welcher alle Bewohner zwangsläufig immer wieder vorbeikommen; im Flur zum Beispiel, auf einer Anrichte neben der WC-Tür oder in der Küche. Bitten Sie alle Familienmitglieder, verstreute Gegenstände, welchen sie bei ihren Streifzügen durch die Wohnung begegnen, künftig zu greifen und auf dem weiteren Weg einfach in den Korb oder die Schublade des jeweiligen Eigentümers bzw. Verursachers zu werfen. In der Regel kennen wir uns beim Zusammenleben unter einem Dach gut genug, um die meisten Dinge ihrem jeweiligen Besitzer zuordnen zu können. Machen Sie sich dies zunutze und übertragen Sie die Verantwortung künftig auf alle, statt das Gefühl zu haben, als einzige den anderen laufend hinterher zu räumen und sich darüber zu ärgern! In der Gastronomie gibt es den wunderbaren Spruch »Ein guter Kellner geht niemals leer«. Machen Sie diesen zur Ansage! Ihre Familie könnte sogar Spaß daran entwickeln, sich künftig gegenseitig buchstäblich auf die Finger zu schauen. Soziale Kontrolle kann sehr mächtig sein.

Legen Sie außerdem einen Zeitplan fest, nach welchem die einzelnen Familienmitglieder ihre jeweilige Klöteransammlung (ein schönes Wort!) zu leeren haben. Ob alle zwei, vier, acht Wochen oder erst dann, wenn »Türmchenbildung« droht, bleibt Ihnen und der »Fallenlass-Frequenz« in Ihrem Haushalt überlassen. Wichtig ist nur die eindeutige Kommunikation der Folgen bei Nichtbeachtung: Wenn die Klöteransammlung zum festgelegten Zeitpunkt durch seine Besitzer nicht geleert wurde, dann werden Sie das nämlich tun.

Dabei können Sie sich aussuchen, ob Sie das Klöterkonglomerat (ein noch viel schöneres Wort!) zum Beispiel im Zimmer des jeweiligen Kindes auf dem Bett bzw. auf dem Schreibtisch Ihres Partners ausleeren – oder seinen Inhalt gleich rigoros in den Mülleimer kippen. Spätestens wenn Sie dies zum ersten Mal knallhart durchgezogen haben, dürfte es künftig klappen mit der Klöterkooperation. Wenn Sie möchten, können Sie sogar eine Art Spiel daraus machen: Hinterlegen Sie an der Klöterstation eine Liste mit den jeweiligen Namen (Achtung: Kugelschreiber festbinden!). Hier darf dann jeder Klöterbekämpfer nach seinem heldenhaften Einsatz einen Strich für sich verzeichnen. Vielleicht entwerfen Sie sogar ein Belohnungssystem für diejenigen, die am Ende des Turnus ganz weit vorn sind. Falls das doch mal wieder Sie sein sollten: Lassen auch Sie sich durch die anderen belohnen! Oder Sie verhängen Sanktionen in Form von zusätzlichen Aufgaben für diejenigen, die die wenigsten Striche gesammelt haben.

Wenn Sie das lange genug durchziehen, wird das beiläufige Einsammeln von Kleinigkeiten auf der Wanderung durch die eigenen vier Wände zu einem unterbewussten Mechanismus, der allen Beteiligten in Fleisch und Blut übergeht und den Familienfrieden in Sachen »Ordnung« langfristig auf solide Füße stellen kann. Zusätzlicher Vorteil: Die Frequenz bezüglich der ständigen Erkundigungen nach dem Aufenthaltsort verlegter Gegenstände wird merklich reduziert! Spätestens wenn Sie auf die Frage »Hast du mein Ladegerät gesehen?« zum vierten oder fünften Mal mit einem knappen »Klöterstation?« reagiert haben und den Suchenden klar wird, dass sie künftig keine andere Antwort mehr auf diese Frage zu erwarten haben, könnte dahingehend himmlische Ruhe einkehren!

Und hier noch eine Anregung in Sachen Alltagsorganisation: Jedes Zuhause besitzt das, was ich den »funktionalen Drehpunkt« nenne. Dies ist in der Regel der Flur oder der Bereich direkt hinter der Eingangstür, und eine gute Strukturierung dieses Drehpunkts erleichtert unsere Routinen immens. Wenn wir immer wissen, wo die Schlüssel liegen, wenn es einen festen Platz für einzuwerfende Briefe, die Handtasche oder den Einkaufszettel gibt und dies auch allen anderen Familienmitgliedern klar ist, sparen wir uns eine Menge Verwirrung und Stress vor allem in Situationen, in denen wir es eilig haben. Sollten Sie einen Eingangsbereich haben, der ausreichend Platz für die Klöterstation Ihrer Familie bietet, könnte diese hier bestens aufgehoben sein: Raus und wieder rein muss früher oder später jede/r, und wenn Sie die hier platzierten Klötersammelstellen auch gleich als feste Ablageorte für persönliche Dinge wie Schlüssel, Geldbeutel und Handy nutzen, schlagen Sie mehrere Fliegen mit einer Klappe.

Dafür, unser Inneres aufgeräumt zu halten oder als einigermaßen »geordnet« zu empfinden, gibt es leider kein Patentrezept. Wenn Sie herausfinden möchten, wie Sie sich innerlich aufgeräumt fühlen, sollten Sie sich auf Ihre Selbstreflexion verlassen und diese trainieren. Versuchen Sie, sich zu beobachten, und stellen Sie sich dabei die richtigen Fragen: Wann und wie finde ich Ruhe und »Aufgeräumtheit« in und mit meinen Gedanken? Welche Bedingungen benötige ich dafür, und wie kann ich mir diese mit Bedacht schaffen? Welche Gedanken wiederum hinterlassen in mir ein Gefühl der Verwirrung, der Desorientierung, überfordern mich oder verursachen ein »gefühltes Chaos«?

Mir hilft bei meinem Weg zur inneren Aufgeräumtheit der feste Glaube daran, dass ich meine Gedanken durchaus steuern kann, wenn ich bezüglich der Selbstreflexion aufmerksam genug bin und diese regelmäßig trainiere. In meiner Gedankenwelt gibt es zum Beispiel – genauso wie in meinem Haus – unterschiedliche Schubladen, und mir gefällt die Vorstellung, dass ich selbst entscheiden darf, welche Schublade ich zu welchem Zeitpunkt öffne. Das betrifft insbesondere meinen persönlichen »Giftschrank«: In diesem hinterlege ich meine »Angstgegner« wie zum Beispiel schlechte Erfahrungen, große Enttäuschungen oder all jene Gefühle, die wir gemeinhin als »Zukunftsangst« bezeichnen würden. Diesen Giftschrank versuche ich geschlossen zu halten, wenn ich mir bewusst darüber bin, dass sein Inhalt mich zu diesem Zeitpunkt ausbremsen, behindern oder ablenken würde; und ich versuche ihn nur dann zu öffnen, wenn ich mich stark genug dafür fühle. Dies kann sowohl geschehen, wenn ich allein bin, als auch in Gesprächen mit anderen, die mir das Gefühl geben, mich ihnen anvertrauen zu können. Dann entnehme ich meinem Giftschrank genau jene Dosis, mit der ich für den Moment zurechtkomme und mich auseinandersetzen möchte.

Es gibt Situationen, in denen sich die Tür des Giftschranks wie von allein öffnet und ein Angstgegner – schleichend oder mit Wucht – den

Giftschrank verlässt, um sich ohne Einladung in meiner Gedankenwelt breitzumachen und Chaos zu verbreiten. Das kann ich nicht immer verhindern; ganz so weit fortgeschritten bin ich in der »Gedankensteuerung« noch nicht. Aber meistens gelingt es mir mithilfe der inneren Kraft, diese übergriffigen Eindringlinge, die mich in Form von negativen Gefühlen, Ängsten oder Zweifeln belästigen wollen, zumindest vorübergehend wieder in den Schrank zurückzuschieben.

Ja, es handelt sich dabei vermutlich um eine Form der Verdrängung. Aber aufgeschoben ist in diesen Fällen nicht aufgehoben: Der jeweilige Ausbruch aus dem Giftschrank zeigt mir deutlich, dass es an der Zeit ist, sich dem entsprechenden Angstgegner möglichst bald bewusst hinzugeben und ihn zu bearbeiten. Habe ich das Gefühl, dass ich Gefahr laufen könnte, tatsächlich dauerhaft zu verdrängen, dann schreibe ich mir diesen Punkt sogar auf die berühmte »To Do«-Liste – nur um sicherzugehen.

Sollten Ihnen diese Inspirationen helfen können, Ihre Gedanken zu sortieren, dann ist es mir eine Freude. Und falls in Ihrem Kopf demnächst doch mal wieder das Chaos regiert: Manchmal brauchen wir das, um zu spüren, dass wir lebendig sind.

Lektion 13 auf der Coaching-Couch:

Fragen zum Wohnfühlen

1. Habe ich jedem Gegenstand in meinem Haushalt einen festen Platz zugewiesen? Habe ich bei der Auswahl von Möblierung auf eine ausreichende Anzahl von Schubladen geachtet?

2. Stehen jedem Familienmitglied ein »Klöterkorb« oder eine »Klöterschublade« zur Verfügung?

3. Habe ich den »funktionalen Drehpunkt« meiner Wohnung definiert und entsprechend organisiert?

Lektion 13 auf der Coaching-Couch:

Leitsätze fürs Leben

1. Packe Deine Angstgegner in einen gedanklichen Giftschrank und entnimm diesem immer dann eine zu bearbeitende Dosis, wenn Du Dich stark dafür fühlst.

2. Finde heraus, wie Du Dich innerlich aufgeräumt fühlst und wie viel äußere Ordnung und Sicherheit Du brauchst, um diesen Zustand dauerhaft erreichen zu können.

3. Wenn Du öfter mit »Gedankenchaos« zu tun hast: Trainiere die Vorstellung, dass Du selbst entscheiden kannst, welche Schubladen Du in Deinem Kopf wann aufmachst und welche nicht.

14

Markiere und schütze Deine persönlichen Bereiche

Erinnern Sie sich an »Dirty Dancing«? »Das ist mein Tanzbereich, und das ist dein Tanzbereich«, sagt Tanzlehrer Johnny (Patrick Swayze) bei einem der ersten Trainings zu seiner Partnerin »Baby« (Jennifer Grey).

Einen solchen »Tanzbereich« spüren wir alle um uns herum: Jede/r von uns besitzt seinen oder ihren eigenen Radius, den wir nur mit uns selbst teilen möchten oder in den ausschließlich jene Personen eintreten dürfen, denen wir uns nahe fühlen. Das betrifft einen bestimmten Umkreis rund um unseren Körper ebenso wie Teile unserer Wohnung oder unserer »Höhle«, die uns allein zur Verfügung stehen sollen.

In unserem Zuhause dürfen wir selbst entscheiden, welche Bereiche wir Besuchern zugänglich machen möchten und welche nicht. Wir dürfen dies übrigens auch dann, wenn wir gerade erst eingezogen sind und Gäste mit den Worten »Jetzt führ mich mal rum!« vom Dachboden bis zum Keller am liebsten alles begutachten wollen, während wir einzelne Bereiche nur ungern zeigen möchten. Es ist dann unser gutes Recht, auch engeren Freunden des Hauses den Zutritt zu diesen Bereichen zu verwehren, ohne uns dafür rechtfertigen zu müssen. Konsequent und fröhlich vorgetragen, sollte Ihr »Und hier beginnt der private Bereich, der bleibt außen vor. Was möchtet ihr trinken?« ohne Widerspruch oder hochgezogene Augenbrauen respektiert werden.

Bezüglich unseres körpereigenen Tanzbereiches kann es etwas schwieriger sein, die eigenen Grenzen zu erkennen und konsequent zu verteidigen. Haben Sie sich schon einmal die Frage gestellt, welche Distanz rund um Ihren Körper Ihren Tanzbereich markiert? Die Antwort darauf könnte aufschlussreich sein! Zum Beispiel, wenn es in Ihrem Leben Menschen gibt, die Ihnen ein ungutes Gefühl vermitteln, wann immer Sie ihnen begegnen – ohne dass Sie dieses Gefühl konkret begründen könnten. Vielleicht rücken Ihnen diese Menschen buchstäblich zu dicht auf die Pelle: Dringen andere ungebeten in unseren persönlichen Tanzbereich vor, reagieren wir darauf mit Unbehagen und Verunsicherung. Leider gibt es diesbezüglich keine Normen, an denen wir uns orientieren könnten, denn der Tanzbereich ist eine höchst individuelle Geschichte: Manche zucken erst zusammen, wenn sie berührt werden oder den Atem des oder der anderen spüren können; andere möchten schon viel früher am liebsten schreiend wegrennen.

Seit Corona haben viele von uns das Gefühl, dass sich der Tanzbereich, in dem sie sich wohl und sicher fühlen, vergrößert hat: Die anderthalb Meter, die mit der Pandemie zum ungeschriebenen Gesetz geworden sind, müssen es für etliche von uns mittlerweile sein; erst recht, wenn wir uns in einer größeren Gruppe von Menschen befinden, die wir nicht kennen. Mein Tanzbereich (ich bin für dieses Buch mit einer ausziehbaren Fliegenklatsche um den Hals herum durch die Gegend gelaufen und habe getestet, ab welcher »Fliegenklatschenkürze« mir meine Gegenüber zu nah erschienen; die Gesichter hätten Sie sehen sollen!) erstreckt sich unter normalen Umständen auf etwa sechzig bis achtzig Zentimeter rund um den Körper. Wer mir näher kommt, ohne dass dies auf einem gemeinsam »erarbeiteten« Konsens der Freundschaft oder Intimität beruht, erscheint mir als unangenehm und weckt eher meine Fluchtinstinkte als meine Zuneigung.

Um unseren Tanzbereich zu schützen, brauchen wir bei der Begegnung mit einer Person, die uns wortwörtlich zu nahe tritt, lediglich einen oder zwei Schritte zurückzumachen, um die für uns angenehme Distanz wieder herzustellen. Die meisten Menschen werden feinfühlig genug sein, uns dann nicht unverzüglich nachzufolgen mit dem Ziel, den Abstand erneut zu verringern. Denjenigen, die dies nicht sind, dürfen und sollten wir unsere Abneigung gegen die unerwünschte Nähe durch wiederholte, etwas nachdrücklichere Erhöhung der Distanz zeigen, und im Ernstfall ist es an uns, dem Gegenüber die Grenzen noch deutlicher zu vermitteln.

Der Vorgang des »Zurücktretens« kann uns im übertragenen Sinne auch in gedanklich verfahrenen Situationen unterstützen: Genauso, wie wir in Konfliktsituationen manchmal den Raum verlassen, um sowohl uns selbst als auch den oder die andere/n vor einer Eskalation zu schützen, kann es bei komplizierten Überlegungen ratsam sein, diese zunächst zur Seite zu legen und uns vorübergehend mit etwas anderem zu beschäftigen. Dafür ist es hilfreich, uns einen Ruheort zu schaffen, an den wir uns zurückziehen können, um kurzfristig Frieden zu finden und Kraft zu schöpfen. Dieser Ruhepol sollte im Idealfall jederzeit aufgesucht werden können: Unsere Lieblingsbank im Park ist zwar grundsätzlich eine schöne Idee, doch können/wollen wir darauf auch im Winter ausreichend lange verweilen, um unseren Gedanken nachzuhängen und eine gewisse Erholung zu verspüren?

Falls Sie sich Ihren Ruhepol in den eigenen vier Wänden schaffen wollen, achten Sie darauf, dass es sich hierbei um ein konstantes, möglichst unveränderliches Setting handelt, das für Sie ausschließlich positiv besetzt und frei von anderen Funktionen oder Verpflichtungen ist: Ihr Home-Office wäre dafür die falsche Wahl. Falls es Ihr Lieblingssessel ist, in den Sie sich künftig zum »Ruhen und Denken« zurückziehen wollen: Benutzen Sie ihn künftig nicht mehr als Ablage für Klamotten oder Taschen. Sollte Ihr Ruhepol eine Anrichte sein, auf der Sie schöne Erinnerungen aufstellen, zum Beispiel Andenken an liebe Freunde oder Mitbringsel aus dem Urlaub, um zu schwelgen und gute Momente erneut zu durchleben: Halten Sie die Oberfläche konsequent von anderen Dingen frei. Soll ein Plätzchen vor der Balkontür oder im Wintergarten Ihr Ruhepol werden: Sorgen Sie für einen freien Blick und stellen Sie sicher, dass Sie nicht erst Möbel verrücken müssen, um diesen Ort an und in Ihrer Lieblingsposition genießen zu können.

Sobald Sie sich Ihren Ruhepol geschaffen haben, trainieren Sie es, sich – egal wo Sie gerade sind – in Gedanken dorthin »beamen« zu können. Ob Sie dabei die Augen schließen, mit Hilfe des bewussten Atmens auf die »Reise« gehen, eine bestimmte Sitzposition einnehmen oder Kopfhörer mit Ihrer Lieblingsmusik aufsetzen: Wie genau Sie diese Momente ausgestalten und was für Sie funktioniert, um gedanklich ans Ziel zu gelangen, müssen Sie ausprobieren. Sobald Sie es zum ersten Mal geschafft haben, unabhängig von Ihrer Umgebung und der aktuellen Situation an »Ihrem« Ruhepol angekommen zu sein, werden Sie das spüren. Mit etwas Übung können wir die aktuelle Umgebung ausblenden und im Geiste unseren Ruhepol aufsuchen, um Kraft zu gewinnen. Mir hilft dieser Vorgang insbesondere auf Reisen, denn das Entspannen in Hotelzimmern fällt mir schwer. Ich »beame« mich dann entweder in den »Denk-Mal«-Sessel oder an den Lieblingsplatz vor dem Kamin, um (gedanklich) in die Flammen zu starren, und finde so auch unterwegs jene Geborgenheit und innere Ruhe, die mich Energie tanken lassen.

Ob Ihr Ruhepol sich in einem von Gästen betretbaren oder einem abgeschotteten Bereich befindet, ist nicht nur reine Geschmackssache, sondern auch eine Frage des Platzes. Falls Sie wenig Platz haben, aber bezüglich der Einsehbarkeit Ihres Ruhepols sensibel sind und diesen von neugierigen Blicken freihalten möchten: Klappbare Paravents oder andere Raumtrenner können ihn schützen.

Auch inwiefern wir in unseren vier Wänden Persönliches preisgeben, uns also vor unseren Gästen »lesbar« machen, ist eine individuelle Entscheidung: Einige haben gar kein Problem damit, ihre Vorlieben, besonders gelungene Aufnahmen von sich selbst, ihre größten Erfolge oder persönliche Mitteilungen auch in den von Gästen betretenen Bereichen regelrecht zu präsentieren. Manche halten sich mit allzu Privatem oder der »Sichtbarmachung« der eigenen Person grundsätzlich zurück; andere toben sich diesbezüglich bevorzugt in Schlafzimmer oder Büro aus.

In den 2000er- und 2010er-Jahren zog in unsere Wohnbereiche der Trend der sogenannten »Inszenierung« ein, der – wenn auch mittlerweile etwas abgeschwächt – weiter anhält: Hierdurch entwickelten sich unsere vier Wände zu einer Art Bühne, auf der wir Bewohner uns als interessante und individuelle Persönlichkeiten, quasi als die »Stars unserer Manege«, präsentieren. Was zuvor lediglich den »Reichen und Schönen« in Form teurer Kunstwerke möglich war, kann durch den Siegeszug der digitalen Fotografie und Printtechniken heute jeder für sich nutzen, der eine Digitalkamera oder ein Handy besitzt: Fotos aller Art werden zu einem günstigen Preis auf Bettwäsche, Tassen, Kissen, Poster, Untersetzer oder gar Fußmatten gedruckt, und die Individualisierung und Personalisierung von Alltagsgegenständen wie Trinkbechern, Taschen oder Kleidung sind bis heute sowohl ein großes Thema als auch einträgliches Geschäft.

Es gehört dazu, dass die Skyline der Heimatstadt oder das Lieblingsreiseziel als Wandtattoo im Wohnzimmer an der Wand klebt, während es über dem Betthaupt ein humoriger Spruch, ein berühmtes Zitat oder das Lebensmotto sein kann und in der Küche ein Lieblingsrezept oder die Huldigung an den Kaffee in all seinen Variationen. Diese Beispiele entsprechen der »indirekten Inszenierung«, in deren Rahmen Vorlieben oder Hobbies der jeweiligen Bewohner erkennbar werden. Auch offen zur Schau gestellte Sammlungen jeglicher Art – von Babypuppen über

Modellautos bis hin zu Schallplatten – gehören in diese Kategorie der »indirekten Inszenierung«.

Als »direkte Inszenierung« wiederum bezeichne ich es, wenn Bewohner bei der heimischen Präsentation persönlich in Erscheinung treten: Mit Hilfe eines Portraits oder Fotos, eines im Bilderrahmen ausgestellten Dokumentes wie einem Zeugnis, einer Urkunde oder eines Pokals. Auch der berühmte »Babybauch in Gips«, die an den Partner verschenkten Aktfotos oder die Tonplatte mit den Handabdrücken der Familienmitglieder gehören zur »direkten Inszenierung«.

Die Entscheidung, ob die erwähnten Aktfotos an jene Wand gehören, die direkt gegenüber der Wohnungstür liegt und somit auch vom Paketboten regelmäßig eingesehen wird, ist jedem selbst überlassen. Grundsätzlich gilt: Wer es mit der »direkten Inszenierung« übertreibt, der muss damit leben können, dass seine Gäste ihm einen gewissen Hang zur Selbstdarstellung zuschreiben. Hier die richtige Balance zu finden, obliegt wie üblich allein Ihnen. Zwar bin ich nicht unbedingt eine Freundin davon, zu sehr auf andere zu hören. Falls Sie das Ölportrait Ihres Konterfeis jedoch ausgerechnet auf der Gästetoilette aufzuhängen planen, kann es nicht schaden, Freunde nach ihrem Gefühl dazu zu befragen!

Lektion 14 auf der Coaching-Couch:

Fragen zum Wohnfühlen

1. Habe ich mir meinen Ruhepol geschaffen, und achte ich darauf, ihn von »Alltagsgehassel« freizuhalten?

2. Habe ich die für mich richtige Balance zwischen der »direkten« und der »indirekten« Inszenierung gefunden?

3. Habe ich eine klare Entscheidung gefällt, welche Bereiche meiner Wohnung ich Dritten zugänglich machen möchte und welche allein mir bzw. den Familienmitgliedern zur Verfügung stehen?

Lektion 14 auf der Coaching-Couch:

Leitsätze fürs Leben

1. Trainiere die Fähigkeit, Dich ortsunabhängig an Deinen Ruhepol zu »beamen«, um kurzzeitig Kraft und Energie zu tanken.

2. Sei Dir Deines Tanzbereiches bewusst und sorge dafür, dass er auch für andere erkennbar ist. Die Grenzen ziehst Du.

3. Lerne Situationen oder Gedankengänge bewusst für einen Zeitraum zu verlassen, wenn sie verfahren erscheinen – ganz so, als würdest Du kurz den Raum wechseln und dann gestärkt zurückkehren.

15

Geborgenheit durch Wiederholungen

Woran denken Sie, wenn Sie das Wort »Routine« hören? An etwas Positives wie zum Beispiel den Besuch im Kino, den Sie sich einmal im Monat gönnen? Oder an etwas Negatives wie jene lästigen Haushaltsaufgaben, die Sie in Ihrem Alltag immer und immer wieder zu erledigen haben – wie den Müll rausbringen, die Steuererklärung machen, die Wäsche zusammenlegen oder die Spülmaschine ausräumen? – Falls der Begriff der »Routine« bei Ihnen negativ besetzt ist: Lassen Sie uns gemeinsam versuchen, das zu ändern! Denn wenn wir mit »Routine« lediglich die lästigen Pflichten verbinden, die sich in unserem Leben ständig wiederholen, werden wir diesem Begriff nicht gerecht. Routinen sind viel mehr als die ewige Wiederkehr von Aufgaben oder Handgriffen: Wenn wir sie mit etwas mehr Zuneigung betrachten, können wir feststellen, dass sie uns nicht nur notwendige Wegbegleiter, sondern regelrechte Leitplanken sind, die uns in unserem Alltag führen und sogar zu Größerem motivieren können.

Auch ich habe Routinen lange als etwas angesehen, von dem ich in meinem Dasein möglichst wenig haben wollte: Der Begriff klang so sehr nach Langeweile, nach immerwährender Wiederholung, nach Notwendigkeit und Verbindlichkeit. Und so gar nicht nach Freiheit, Spontaneität oder jenem Lustprinzip, von dem ich überzeugt war, dass dieses doch bitte mein Leben bestimmen sollte.

Dann kam die Pandemie, und durch das Herausgerissenwerden aus allen bisherigen Routinen erkannte ich plötzlich, wie viel diese für uns tun können: Sie verleihen uns eine Art von Struktur, Sicherheit, ja sogar Geborgenheit; Sie können uns einigermaßen aufrecht durch den Tag führen, auch wenn wir uns am liebsten die Bettdecke über den Kopf ziehen würden; und oft sind wir so stolz darauf, sie erledigt zu haben, dass uns dies wie ein kleiner Sieg über uns selbst erscheint, den wir mit Hingabe zelebrieren dürfen.

Ist es nicht seltsam, dass uns in unserer Vorstellung das Wegbrechen sämtlicher Routinen oft als jener Idealzustand erscheint, der uns das heiß ersehnte selbstbestimmte Leben ermöglichen würde – nur um in jenem Fall, dass sich dieser Wegfall tatsächlich ereignet, zu erkennen, dass sie uns fehlen?

Routinen als nervige Belastung zu empfinden, ist also nicht klug, denn unsere Leben gehen niemals ohne diese Routinen daher. Machen wir hingegen unsere Routinen zu Freunden, denen gegenüber wir uns freiwillig verpflichtet haben – und gleichsam Dinge, die uns erfreuen, zu Routinen! –, dann sind wir schon ganz dicht dran am selbstbestimmten Leben: In Routinen Freude zu finden, ist der beste Weg, um das Leben rundum zu genießen. Oder, anders ausgedrückt: Wenn ich einem Dasein ohne Routinen entgegenfiebere, weil ich darin endlich die Freiheit zu finden glaube, dann zieht das Heute quasi ungelebt an mir vorbei. Keine schöne Vorstellung, oder?

Das Gute daran, Routinen freundlich anzunehmen, ist auch: Routinen, die ich als freiwillige Verpflichtung ansehe, darf ich auch mal schwänzen! Dies gilt zwar zugegeben nur für jene Routinen, innerhalb derer wir ausschließlich uns selbst verpflichtet sind – die Dreijährige morgens allein auf den zehn Kilometer langen Weg zur Kita zu schicken oder die Katze einfach mal nicht zu füttern, weil wir keine Lust haben, gehört natürlich nicht dazu. Aber es geht die Welt nicht unter, wenn wir die Wäsche mal einen Tag länger liegen lassen, statt frisch zu kochen eine Dose aufreißen, die Beine noch ein paar Tage länger unrasiert lassen oder es vergessen, die Mülltonne an die Straße zu stellen.

Letzteres hat bei mir vor einigen Jahren zu einer Art Nervenzusammenbruch geführt: An dem Tag war eh schon einiges schiefgelaufen, und als ich zu erkennen glaubte, jetzt auch noch bei einer simplen Aufgabe wie »die Mülltonne rausstellen« versagt (!) zu haben, habe ich über eine Stunde lang Rotz und Wasser geheult. Heute kann ich darüber lachen – damals bedeutete es für mich, frei von jeglicher Logik, den Weltuntergang. Obwohl dadurch ja gar nichts Schlimmes zu befürchten war.

Nachdem ich hinter meinem Vorhang aus Schnodder und Tränen wieder einigermaßen hervorgucken konnte, fuhr ich in den örtlichen Drogeriemarkt, kaufte zwei Ersatzmüllbeutel, ärgerte mich über die zehn Euro, die diese beiden Ersatzbeutel samt der Entsorgungsgebühr kosteten, kehrte nach Haus zurück mit dem tröstlichen Gedanken, im Rahmen der Möglichkeiten das Beste aus der Situation gemacht zu haben – und nahm mir nach der Aufregung den Rest des Tages frei, damit angesichts meines angeschlagenen Nervenkostüms nicht noch Schlimmeres geschehen konnte. Das wiederum war die einzig richtige Entscheidung, denn schon wenige Stunden später lag ich mit einer fetten Mandelentzündung samt Fieber komplett flach.

Mein Körper hatte mir also durch das Verweigern der üblichen Routine schon sehr deutlich mitzuteilen versucht, dass etwas nicht stimmte. Auf so etwas dürfen und sollten wir hören, und je sorgfältiger wir dies tun und es uns hier und da auch mal »außer der Reihe« erlauben, uns von gewissen Verpflichtungen vorübergehend zu befreien, desto gesünder und zufriedener können wir den Faden beim nächsten Mal wieder aufgreifen, der Routine erneut frohen Mutes nachgehen – und sogar dankbar dafür sein, dass wir das können.

All dies bedeutet nicht, dass wir unsere Routinen jedes Mal feiern müssen wie ein lang ersehntes Happening, nur weil sie – hurra! – mal wieder anstehen. Aber wenn wir sie als etwas Positives wahrnehmen, tun wir uns damit nur selbst gut. Routinen in unserem Zuhause geben uns gleichsam das Gefühl, wirklich daheim zu sein: Bestimmte Handgriffe routiniert tätigen zu können – vom nächtlichen Gang ins Bad bis zur verschlafenen Kaffeezubereitung am Morgen – ist das Zeichen für uns, dass wir uns aufgehoben und daheim fühlen dürfen (bedeutet übrigens nicht, dass wir bei diesen Handgriffen unachtsam sein sollten!). Ich glaube, wenn wir auch diesen Routinen ein kleines bisschen mehr an positiver Aufmerksamkeit und Bewusstheit schenken, dann macht uns dies zu zufriedeneren Menschen.

Wir können die positive Wahrnehmung dieser Routinen stärken, indem wir bezüglich ihrer Rahmenbedingungen das Beste für uns rausholen und uns etwaige Verbesserungen dahingehend gönnen: Wenn die Kaffeemaschine seit Wochen rumzickt und ständig Wasserpfützen speit – trotz aller Sparsamkeit ist es dann Zeit für eine neue. Nicht nur ich selbst, sondern auch alle um mich herum werden davon profitieren, wenn der Tag reibungslos mit der notwendigen Dosis Koffein startet! – Sie stoßen sich nachts auf dem Weg ins Bad immer noch ständig den Zeh an diesem blöden gekrümmten Kommodenfuß? Dann endlich ab auf den Dachboden oder in den Keller mit dem entsprechenden Möbelstück, in welches Sie sich zwar damals so sehr verliebt haben, das Sie aber nun regelmäßig fluchen lässt. Als Werkzeugkommode ist es bestimmt noch prima. Aber im Schlafzimmer?! Keine falsche Scheu: Akzeptieren Sie, dass Sie beide auf diese Art einfach nicht mehr zusammengehören, und läuten Sie den Abschied ein! – Es fällt uns schwer, morgens aus dem Bett zu kommen, weil das Konstrukt mittlerweile einen Tick zu niedrig ist? Akzeptieren wir, dass wir älter werden, und schauen nach einer Lösung! Es muss nicht gleich ein neues Bett sein: Jeder mittelmäßig begabte Tischler kann ein Podest bauen, auf dem das bisherige Bett zu stehen kommt (und das vielleicht noch zusätzlichen Stauraum bieten kann). Oder Extra-Füße fertigen, die die Liegefläche um die wenigen entscheidenden Zentimeter erhöhen.

Kurzum: Damit wir Routinen positiv wahrnehmen und beherzt erfüllen können, ist es wichtig, dass die Voraussetzungen stimmen, und hierfür können wir sorgen; oft mit geringem Aufwand.

Die positive Steigerung einer Routine ist das Ritual, das wir uns nicht aufgrund einer (gefühlten) Notwendigkeit aneignen, sondern rein aus »Spaß an der Freude«. Wenn wir uns alle zwei Wochen mit den Mädels zum Serienabend treffen oder mit den Kumpels zum Heimspiel ins Stadion gehen, uns den Besuch bei der Kosmetikerin gönnen oder den Konzertbesuch planen, dann sind es vor allem die Vorfreude darauf und die Erinnerungen daran, die uns so begeistern. Davon zehren wir meistens länger als das Ereignis selbst dauert. Bei Routinen sind wir oft erleichtert und zufrieden, wenn wir sie geschafft haben; bei Ritualen sind wir eher traurig, wenn sie »schon vorbei« sind.

Um Ihr »Zuhause-Gefühl« zu stärken: Schaffen Sie sich ein Ritual, das unabdingbar mit Ihren vier Wänden verbunden ist! Ob Sie einmal die Woche etwas Spezielles kochen und dieses Essen auf besondere Art und Weise zelebrieren; ob Sie sich jeden Mittwoch nach Feierabend einfach nur in Ihr Wohnzimmer setzen, bei guter Musik den Blick schweifen lassen und sich darüber freuen, wie schön Sie es haben; ob Sie sich immer wieder sonntags um Punkt 16 Uhr in Ihr Bett zurückziehen und das Handy derweil bis zum Montagmorgen ausgeschaltet im Flur liegen lassen: Ihr Ritual. Ihre Zeit. Ihre »Zuhause-Celebration«!

In diesem Zusammenhang noch ein kleiner Crashkurs in Sachen »Interior Design und Pluspunkte durch Wiederholungen«: Haben Sie sich schon mal gefragt, weshalb eine Innenausstattung immer dann besonderen Eindruck bei uns hinterlässt, wenn sich darin Muster, Accessoires, bestimmte Farben, Materialien oder gar Möbelstücke wiederholen? – Die Antwort ist so genial wie einfach: Unsere Gehirne lieben Symmetrie und Repetition. Wenn wir etwas wiedererkennen, dann steigert das unser Wohlgefühl, ohne dass wir dies genau begründen können; und wenn uns etwas besonders durchdacht erscheint, dann begeistert das unsere Sinne. Achten Sie mal drauf, wenn Sie Flächen betreten, die für ausgeklügeltes Design stehen oder als besonders gelungen respektive repräsentativ gelten: In der Regel werden Sie in diesen Räumlichkeiten Gestaltungselemente finden, die wiederkehren.

In solcherlei professionell durchdesignten Objekten hängt diese spezielle Designerleuchte vermutlich nicht nur einmal von der Decke, sondern gleich mehrfach; manchmal auch in Grüppchen. Im Restaurant steht auf den Tischen gern die jeweils gleiche Deko in Form eines Väschens, einer Kerze und den immer gleichen Salz- und Pfefferstreuern. Im Hotelzimmer findet sich das Muster des Vorhangs auf einem der Kissen wieder; im Ladengeschäft ist das Regalsystem, wenn es sich auch in Form und Zuschnitt unterscheidet, mit Vorliebe durchgehend und buchstäblich aus dem gleichen Holz geschnitzt.

Machen auch Sie sich diesen einfachen Trick zunutze und verbauen Sie Wiederholungen jeglicher Art in Ihren vier Wänden! Hierdurch kehren Ruhe und Raffinesse gleichermaßen ein, und den Besuchern wird es gefallen – wobei sie wahrscheinlich noch nicht einmal genau begründen werden können, weshalb.

Falls Sie also Decken und Kissen finden, die das gleiche Muster tragen; eine Tischleuchte, die Ihnen besonders gefällt und preislich annehmbar ist, sodass Sie sich mehrere davon auf einen Schlag leisten können; oder Vasen, die identisch in der Form, aber unterschiedlich in den Größen oder in der Farbe sind: Klare Kaufempfehlung! Ob Sie diese dann in einem einzigen Raum aufstellen oder im ganzen Haus verteilen: Der Wiedererkennungseffekt sorgt für ein durchdachtes Erscheinungsbild. Mit diesem Trick werden Sie zum Designprofi, und die Wittlerin kann guten Gewissens von der Einrichtungsbühne abtreten!

Lektion 15 auf der Coaching-Couch:

Fragen zum Wohnfühlen

1. Welche Wiederholungen kann ich in meinem eigenen Zuhause implementieren?

2. Habe ich die für meine Routinen entscheidenden Bereiche zweckmäßig gestaltet?

3. Mit welchem Ritual kann ich die Bindung an mein Zuhause stärken?

Lektion 15 auf der Coaching-Couch:

Leitsätze fürs Leben

1. Begrüße Deine Routinen als Leitplanken, die Dir Struktur und Sicherheit geben. Verwechsele Routinen, die eine Verantwortung allein Dir gegenüber beinhalten, jedoch nicht mit einer Pflicht, an der Du zu jeder Zeit verbissen festhalten musst.

2. Bevor Du Dich zu einer Routine zwingst, verzichte lieber einmal darauf. Sie wird Dir fehlen – und das nächste Mal bist Du wieder engagiert am Start! Erledige auch Deine Routinen mit Achtsamkeit.

3. Während eine Routine eher automatisiert abläuft, hat ein Ritual viel mit Vorfreude zu tun. Implementiere Rituale in Dein Leben, auf die Du Dich wirklich freust und von denen Du über die Dauer des Ereignisses hinaus zehren kannst.

16

Wenn's mal schiefläuft: Du bist vorbereitet

Bei niemandem geht alles ausnahmslos glatt, und Murphys Gesetz (»Was schiefgehen kann, geht schief!«) hat jeden von uns schon mal aus der Bahn geworfen. Manchmal haben wir das Gefühl, dass sich die ganze Welt gegen uns verschworen hat und ausschließlich Probleme unseren steinigen Weg pflastern, den wir jetzt als besonders schwierig empfinden. Dann ist einfach der Wurm drin, und wir fühlen uns irgendwas zwischen angestrengt, benachteiligt und hoffnungslos.

Mit Krisen und Niederlagen fertig zu werden, ist die größte Aufgabe, die das Leben uns stellt. Dass wir Hindernisse zu überwinden haben oder uns Schicksalsschläge kalt erwischen, können wir nicht verhindern. Mit welcher Grundhaltung wir die Herausforderung, solche Notlagen zu bewältigen, annehmen und mit welcher Energie wir sie letztendlich zu meistern versuchen, ist jedoch – mal wieder – allein unsere Entscheidung. Dieses Kapitel möchte Sie darin bestärken, der nächsten Krise möglichst zuversichtlich begegnen zu können und die Macht Ihrer Selbstbestimmung auch in zunächst niederschmetternden Situationen nicht aus den Augen zu verlieren.

In der Fachsprache der wundersamen Coachingwelt gibt es das schöne Wort des »Mindset«, das übersetzt so etwas bedeutet wie »Denk«- oder »Sichtweise«. Beim Bestreben, unser eigenes »Mindset« krisenfester zu machen, ist Gründlichkeit gefragt: Oberflächlich hingeworfene Plattitüden helfen uns dabei nicht weiter. Wenn wir bis zum Hals in einer handfesten Notlage stecken und jemand anders rät uns in dieser Situation, dass wir doch bitte »die Krise als Chance« sehen sollen, dann ist das zwar generell keine falsche Aussage – aber doch eine, die uns eher ratlos, vielleicht sogar empört zurücklässt. Wenn wir aus solchen Bonmots tatsächlich Ermächtigung und Kraft ziehen wollen, dann gilt es zunächst, die eigene Denkweise in Bezug auf Krisen grundlegend »umzuprogrammieren«, und zwar vor allem im Hinblick darauf, wie wir in schwierigen Phasen mit uns selbst umgehen.

Haben Sie sich auch schon dabei erwischt, in problembehafteten Phasen mit der Frage »Warum immer ich?!« alles eher noch schlimmer zu machen? – Das ist ein menschlicher Mechanismus, dem wir uns in schlechten Zeiten allzu gern unterwerfen. Konstruktiv ist er allerdings nicht, denn es gibt auf diese Frage keine Antwort, die uns weiterbringt. Stattdessen machen wir uns dadurch nur noch kleiner. Die Antworten, die wir uns selbst auf die Frage »Warum immer ich?!« geben, lauten nämlich erfahrungsgemäß in etwa wie folgt: »Weil du halt zu blöd bist.« »Weil in deinem Leben sowieso alles schiefläuft.« Oder gar: »Weil du es nicht besser verdient hast.«

Die Frage »Warum immer ich?!« aus dem eigenen Mindset zu streichen, ist also schon mal ein guter Anfang. Wenn wir uns stattdessen beibringen, neben all den Problemen, die sich gerade vor uns auftun, auch all das zu sehen, was bislang erstaunlicherweise gut gelaufen ist – dann ist schon viel gewonnen, denn daraus schöpfen wir Kraft und Zuversicht.

Auch unsere Erwartungshaltung ist entscheidend: Wir können davon ausgehen, dass alles nach unserem Gusto »flutschen« wird; dann werden sämtliche aufkommenden Hürden zu einer ärgerlichen Belastung, die unsere Pläne durchkreuzen. Wir können aber mit einer ebensolchen Selbstverständlichkeit auch von vornherein in Betracht ziehen, dass es auf unserem Weg oder bei unserem Vorhaben Hindernisse und Schwierigkeiten geben wird. Trainieren wir uns diese Sichtweise an, dann überrascht uns Unvorhergesehenes weniger, und wir können Schwierigkeiten mit größerer Gelassenheit entgegentreten.

Das heißt nicht, dass wir bezüglich unserer Pläne ständig schwarzmalen oder immer vom schlimmsten Fall ausgehen sollten. Aber: Wenn wir es uns zur Maxime machen, vermehrt das zu feiern, was bereits gut geklappt hat, statt zu beklagen, was gerade schlecht läuft, dann wird unser Leben leichter!

À propos »schlimmster Fall«: Im Bereich »Bauen, Renovieren, Sanieren« kann das vorsichtige Anreißen eines möglichen »Worst Case«-Szenarios niemals schaden. Hier befinden sich manche Risiken schlicht außerhalb unserer Kontrolle: Wenn wir erst nach dem Kauf oder Bezug eines Objektes Feuchtigkeit in einer Wand oder gar Schimmel feststellen (jupp, ist mir passiert). Wenn ein Bagger beim Ausheben der Baugrube leider die Hauptstromleitung für das ganze Dorf kappt (selbst erlebt). Wenn ein verschobenes Fallrohr, das über Jahre unentdeckt blieb, durch munteres

Vor-sich-hin-tropfen gleich einen ganzen Raum verseucht hat (ebenfalls selbst erlebt). Solche Vorkommnisse können wir im Vorfeld zwar nicht konkret erahnen oder benennen, aber es steht fest, dass beim letzten Abenteuer der Menschheit – also auf der Baustelle – so gut wie nie alles glatt läuft.

Wenn wir davon ausgehen, dass auch das eigene Vorhaben dahingehend keine Ausnahme machen wird, ist es nur vernünftig, vor Baubeginn ein wenig Extrazeit freizuschaufeln und mögliche Störungen vorab zu identifizieren: Welche Risiken gibt es bezüglich »versteckter« Gefahrenquellen wie Strom- und Gasleitungen, Frisch- und Abwasserläufen, Statik oder Dämmung? Kann ich die damit zusammenhängenden Risiken wie versehentliche Beschädigungen vorab minimieren, zum Beispiel, indem ich vorhandene Rohr- und Leitungsverläufe skizziere? Entspricht der Baustromanschluss den Anforderungen, sodass eine kontinuierliche Energieversorgung gewährleistet ist? Sind alle Pflichten bezüglich der Verkehrs- und Baustellensicherung erfüllt? Habe ich vor Beginn der Arbeiten eine Bauherren-Haftpflichtversicherung abgeschlossen, um mich im Fall eines »Worst Case« gegen kostspielige Folgeschäden abzusichern?

Bei Fernsehproduktionen gibt es die sogenannte »Dispo«: Auf dieser stehen nicht nur die wichtigsten Telefonnummern der Redakteure, des Produktionsteams und der Regie, sondern auch solche Informationen wie die Rufnummer eines ständig besetzten Produktionsbüros, der nächstgelegenen Apotheke, die lokalen Rufnummern von Krankenhaus und Polizeiwache, die nächste Einkaufsmöglichkeit und die Rufnummer der Feuerwehr. Sollten Sie in Eigenregie bauen, sanieren oder renovieren, dann entwerfen Sie eine solche Dispo und sorgen Sie dafür, dass jeder, der auf »Ihrer« Baustelle tätig ist, Zugang dazu hat. Sollten Bauleiter oder Architekten für Sie tätig sein, dürfen Sie erwarten, dass sie diese Aufgabe übernehmen. Erhalten Sie eine solche Disposition von diesen nicht, fragen Sie danach, und lassen Sie sich dahingehend nicht vertrösten: Auf Ihrer Baustelle sind Sie als Bauherrin oder Bauherr die wichtigste Person, und in diesem Fall dürfen Sie darauf bestehen, als ebensolche behandelt zu werden und Ihre Ansprüche erfüllt zu sehen.

Für den Rest unseres Lebens gilt das leider nicht, und es steht uns gut, wenn wir uns daran immer wieder erinnern. Was auch in unserem Leben geschehen mag: Die Erde wird sich weiterdrehen, und schon morgen wird eine neue Sau durchs Dorf getrieben. Wenn wir lernen, uns selbst nicht zu wichtig zu nehmen, wird alles einfacher, und wir können selbst den größten Katastrophen mit einer gewissen Leichtigkeit begegnen.

Falls wir das hier oder da aus den Augen verlieren und uns dabei ertappen, die eigene Bedeutung mal wieder grandios zu überschätzen: Weltraum-Dokumentationen helfen immens dabei, runterzukommen! Wenn ich Gefahr laufe, mich selbst für den Nabel des Sonnensystems zu halten, gibt es nichts, was das Köpfchen besser zurechtrückt als ein kleiner Ausflug in die unendlichen Weiten des Universums. Die Erkenntnis, auf der einen Seite ein Nichts und auf der anderen doch ein Teil von Allem zu sein, haut mich jedes Mal von Neuem aus den Latschen und hilft mir, dem Leben danach ganz unabhängig von allem aktuellen Schlamassel wieder mit Demut, Respekt und großer Freude zu begegnen.

Ach, und da gibt es noch etwas, das uns das Dasein in Zeiten von Selbstzweifeln, Ängsten oder Sorgen immens erleichtert: Man nennt es Humor! Es gibt nichts Besseres, als »trotz allem« herzhaft lachen zu können. Oder sogar gerade deshalb! Am besten, bis uns die Tränen kommen, es regelrecht weh tut, wir uns die Bäuche halten und schließlich japsend die Kontrolle verlieren.

Wenn wir es dabei auch noch schaffen, uns selbst als Quelle der Belustigung nicht auszunehmen, dann sind wir bestens vorbereitet auf alles, was sich uns entgegenstellen mag. Den Humor gezielt zu einer Bewältigungsstrategie für unsere persönlichen »Bad Days« und »Worst Cases« zu machen, ist nicht schwer: Alles, was wir dafür brauchen, ist ein Vorrat an jenen Dingen, über die wir lauthals lachen können, und der unkomplizierte Zugriff darauf.

Worüber auch immer Sie also lachen: Sorgen Sie dafür, dass Sie es jederzeit zur Hand haben – im Büro, im Bett, auf dem Klo oder bei der Hausarbeit. Im Auto, in der Bahn oder beim Spazierengehen. Machen Sie Ihren Lieblingscomedian zu Ihrem ständigen Begleiter oder die Cartoons, die Sie so lieben, zur wichtigsten Lektüre in schlechten Momenten. Ein entsprechendes kleines Büchlein passt in jede Hand- oder Jackentasche, und legen Sie sich auf Ihrem Smartphone, auf dem Tablet und auf Ihrem Hauptrechner Lachlisten an: Dank der digitalen Möglichkeiten können wir nahezu alles, was uns glucksen lässt, jederzeit parat haben. Wir müssen es nur nutzen!

Lektion 16 auf der Coaching-Couch:

Fragen zum Wohnfühlen

1. Welche Gefahrenquellen gibt es bei meinem Vorhaben bezüglich möglicher »Worst Case«-Szenarios? Wie kann ich diese Risiken minimieren, z.B. durch gute Vorbereitung und Information aller am Vorhaben Beteiligter?

2. Ist es sinnvoll, für mein Vorhaben eine Bauherren-Haftpflichtversicherung abzuschließen?

3. Habe ich eine Art »Notfall-Disposition« zur Verfügung, die es mir bei unvorhergesehenen Ereignissen ermöglicht, schnell Abhilfe zu schaffen und mögliche Folgeschäden gering zu halten?

Lektion 16 auf der Coaching-Couch:

Leitsätze fürs Leben

1. Shit happens. Frage Dich nicht: »Warum immer ich?!« Es gibt keine Antwort darauf, die Dir weiterhelfen wird.

2. Nimm Dich selbst nicht zu wichtig. Die Erde wird sich weiterdrehen – und morgen wird eine neue Sau durchs Dorf getrieben.

3. Mache Humor gezielt zu einer Bewältigungsstrategie für »Bad Days« und »Worst Cases«. Worüber auch immer Du lachen kannst – lege Dir einen Vorrat an genau daran zu und greife darauf zurück, wenn Du es brauchst.

17

Freu Dich an dem, was Du hast, und nutze es

Wann sind Sie das letzte Mal mit offenen Augen durch Ihre Wohnung oder Ihr Haus gegangen und haben bewusst wahrgenommen, was Sie besitzen und so alles angehäuft haben? – Selbst wenn wir (gefühlt) eher bescheiden leben oder behaupten, wenig konsumorientiert zu sein: Zu viel Krempel durch unser Dasein zu schleppen ist in unserer Lebenswelt das häufiger vorkommende Problem als das Notwendigste nicht zusammenzubekommen. Oft ist es uns nicht bewusst, welchen Reichtum wir unser Eigen nennen und aus welcher Fülle wir schöpfen dürfen.

Materielles begreifen wir dabei noch am ehesten: Um das, was uns in unserem Zuhause umgibt, haben wir uns irgendwie bemüht. Für jeden einzelnen dieser Gegenstände wurde einmal Geld ausgegeben, das erst verdient werden musste, und entweder wir selbst oder jemand, der uns nahesteht, hat einen Teil seiner Lebenszeit hingegeben, um diesen Gegenstand erwerben zu können. Ein jedes dieser Dinge, die so um uns herumstehen, zeugt also von einer erbrachten Leistung und einem kleinen bis größeren Erfolg, und diese Verknüpfung bekommen wir noch ganz gut hin.

Bei den immateriellen Gütern, die unser Dasein ausmachen und bereichern, fällt es uns schon schwerer, uns unserer »Haben-Liste« bewusst zu sein. Dabei gibt es so viele davon, deren Nutznießer wir sogar sein dürfen, ohne eine eigene Leistung beigetragen zu haben! Dazu gehört vor allem das Glück, in einem wohlhabenden demokratischen Land zu leben, welches in Sachen sozialer Absicherung, Bildung und Gesundheitswesen bis zu einem bestimmten Grad sehr gut für uns sorgt.

Absurderweise nehmen wir dies mit einer gewissen Selbstverständlichkeit hin, solange wir nur den Eindruck haben, dass es auch für uns irgendwie »läuft«. Fühlen wir uns aber ungerecht behandelt oder haben Angst, zu kurz zu kommen, dann rücken diese vermeintlichen Ansprüche plötzlich in unseren Fokus. Wir halten dies für unser gutes Recht, und das ist es nach einem gewissen Verständnis auch. Der leistungsfähige Teil von uns trägt unter anderem durch Steuern, Sozialabgaben und ehrenamtliches Engagement dazu bei, das Sicherungsnetz des Staates aufrechtzuerhalten. Wir tun dies nicht aus reiner Uneigennützigkeit, sondern weil es Gesetz ist – und um im Fall der Fälle selbst aufgefangen zu werden.

Aber dieser Umstand schmälert nicht den grundsätzlichen Segen, den wir als Bürger dieses Landes erfahren dürfen: Für all das, was wir allein durch Geburtsort oder -zeit geschenkt bekommen haben, auch angesichts der daraus resultierenden Pflichten dankbar zu sein, ist nicht nur eine Frage des Anstands. Angesichts des großen Mangels, der an anderen Orten dieser Welt herrscht, ist dies eine Fähigkeit, die uns zu noch glücklicheren Menschen macht! Sie bewusst zu trainieren, ist also ebenfalls kein selbstloses Zugeständnis, sondern zu unserem eigenen Vorteil.

Weitere Geschenke, die wir entgegennehmen dürfen, ohne viel dazu getan zu haben, sind unsere individuellen Merkmale wie unsere Wesensmerkmale, Charakterzüge und Talente oder auch ein funktionierender Körper, der uns durch das Leben trägt. Unsere Stärken zu erkennen und Fähigkeiten zu mehren wiederum sind Punkte auf unserer »Haben-Liste«, die wir uns zu einem großen Teil selbst erarbeiten und auf die wir stolz sein dürfen. Leider übersehen wir dabei manchmal den ein oder anderen Punkt! Nicht nur in unseren Haushalten, sondern auch in unserem Inneren schlummern Gaben, deren Existenz wir »vergessen«: Weil sie uns nicht (mehr) von Nutzen scheinen, weil wir sie schlicht übersehen oder weil wir sie lange nicht mehr verwendet haben.

Falls Sie sich daran machen möchten, Ihre persönliche »Haben-Liste« zu erstellen: Richten Sie sich darauf ein, dass es ein bisschen länger dauern wird, wenn Sie sich Mühe geben und genau hinschauen! Sie werden überrascht sein, wie reich Sie eigentlich sind; sowohl im Innen als auch im Außen. Sollte es Ihnen schwerfallen, bezüglich Ihrer inneren »Haben-Liste« das Positive zu entdecken: Bitten Sie eine Freundin oder einen Freund, Ihnen zu helfen und mit Ihnen gemeinsam zusammenzutragen, was Sie in Ihrem Leben bereits erreicht haben, was Sie so besonders macht, worin Sie besonders gut sind und wofür Sie dankbar sein dürfen. Unsere persönliche »Haben-Liste« regelmäßig zur Hand zu nehmen und auf allen Ebenen liebevoll zu pflegen, ist der beste Weg, das Gute in unserem Leben niemals aus den Augen zu verlieren.

Übertragen auf den Wohnbereich, kann uns eine mit Sorgfalt erstellte

»Haben-Liste« ganz neue Möglichkeiten eröffnen: Dinge, die uns vor einigen Jahren noch als »oll« erschienen und die wir in den Keller oder auf den Dachboden verbannt haben, können heute in ganz neuem Licht glänzen und wieder zum Leben erweckt werden. Schauen Sie mal nach, was in Ihren Rumpelecken so schlummert!

Überlegen Sie dabei auch, ob es Gegenstände gibt, die in Ihren Schränken ein verstecktes Dasein führen, sich aber durchaus bei Tageslicht präsentieren könnten. Wenn wir Alltagsprodukte oder Gebrauchsgegenstände zur Dekoration verwenden, schlagen wir gleich mehrere Fliegen mit einer Klappe: Wir sparen Geld, weil wir für den Erwerb von Accessoires nichts extra auf den Tisch legen müssen. Wir sparen Ressourcen und handeln nachhaltig. Plus: Wir sparen Platz in unseren Schränken für die wirklich hässlichen Dinge!

Besonders gut geeignet in diesem Zusammenhang sind Geschirr und Vasen, Bücher und Schallplatten, Kerzenständer und Etageren, Schalen und Körbe. Manchmal machen sich auch alte Küchengeräte gut in der Auslage: Die altmodische Küchenwaage zum Beispiel oder der Toaster im Vintage-Stil.

Sollten Sie doch Geld für Dekoration ausgeben wollen, achten Sie darauf, keinen reinen »Stehhübschs« anheim zu fallen: Alles, was nur rumsteht, keinerlei Nutzen oder Funktion hat und trotzdem regelmäßig von Ihnen abgestaubt werden will, können Sie sich sparen. An dieser Stelle können wir wunderbar noch einmal den Bogen zum Rest des Lebens spannen, denn auch in diesem gibt es immer wieder Energiefresser, die uns nur Kraft rauben, aber so gut wie nichts an uns zurückfließen lassen. Machen wir uns die Mühe, unsere persönlichen Energiefresser zu identifizieren und zu eliminieren!

Diese bestehen nicht nur aus bestimmten Beschäftigungen oder Tätigkeiten, die uns eigentlich nichts bringen oder nur vom Wesentlichen ablenken: Auch bestimmte Menschen können uns unsere Energien regelrecht »absaugen«, und es ist unser gutes Recht, den Einfluss solcher Zeit- und Kraftdiebe auf unser Dasein zu minimieren. Damit zunächst beim eigenen Hausstand zu beginnen und all jene Gegenstände auf den Prüfstand zu stellen, die nur fordern, aber nichts können, ist für den Anfang eine schöne Übung.

Es gibt eine Ausnahme, bei der wir die oben genannte Regel des »Raus mit allem, was nur rumsteht!« gern außer Kraft setzen dürfen, und die heißt: Kunst! Diese in unser Leben und in unser Zuhause zu lassen, ist immer eine Bereicherung. Ihre Funktion ist weniger einer praktischen Natur, aber Kunst verleiht uns auf ihre ganz eigene Art zusätzliche Energie, und durch den Erwerb handgefertigter Unikate unterstützen wir noch dazu den/die KünstlerIn.

Davon abgesehen ist all das gern gesehen, was nicht nur dekorativ ist, sondern auch etwas für uns und unsere Gäste tut: Kissen, Decken, Vasen, Kerzen – hier können wir guten Gewissens zuschlagen, jedenfalls solange wir die Nachhaltigkeit und die faire Produktion bei unserer Auswahl nicht außer Acht lassen.

Zu dem, was wir auf der »Haben-Liste« unserer vier Wände vorfinden, gehören manchmal auch Dinge, die uns zunächst gar nicht positiv erscheinen: Das kann eine Dachschräge sein, die uns angesichts der anstehenden Herausforderung, den entsprechenden Raum funktional einzurichten, regelrecht Angst einjagt; eine Nische, mit der wir nichts anzufangen wissen; oder dieser fürchterlich hässliche alte Heizkörper, den der Vermieter partout nicht auswechseln lassen will.

An dieser Stelle helfen uns »Was wäre, wenn?«-Spielchen nicht weiter. Stattdessen besteht die Kür darin, mit den Gegebenheiten auf der »Haben«-Liste konstruktiv zu arbeiten und sie als Ausgangspunkt für alle weiteren Überlegungen zu akzeptieren. Die architektonischen Vorgaben so gut wie möglich zu nutzen, gelingt am besten, indem wir den Spieß umdrehen und nicht danach fragen, worin für unsere ursprüngliche Idee nun das Hindernis liegt. Sondern zu welcher Idee uns die Gegebenheiten inspirieren können.

Dann wird mit etwas Fantasie die Dachschräge zur optischen Klammer für einen großen eingebauten Wandschrank, die Nische zur praktischen Heimat für einen wegklappbaren Zusatztisch samt Ersatzstühlen, und der fürchterliche Heizkörper verschwindet unter einer luftdurchlässigen Verkleidung, die nicht nur schön anzusehen ist, sondern auch noch als Pinnwand dient.

Auf diese Art und Weise können wir Kräfte in unserem Sinne umlenken, und das wiederum ist eine Fähigkeit, die uns auch bei unserem Fortkommen im restlichen Leben von Nutzen sein wird. Versuchen Sie's. Und machen Sie sich möglichst bald an Ihre Haben-Liste!

Lektion 17 auf der Coaching-Couch:

Fragen zum Wohnfühlen

1. Habe ich »Stehhübschs« und Staubfänger reduziert?

2. Welche meiner funktionalen Gegenstände kann ich auch zur Dekoration verwenden und so freien Platz in meinen Schränken schaffen?

3. Nutze ich die architektonischen Vorgaben so gut wie möglich?

Lektion 17 auf der Coaching-Couch:

Leitsätze fürs Leben

1. Sei dankbar für das, was Du hast, und pflege Deine persönliche »Haben-Liste« liebevoll.

2. Rufe Dir regelmäßig Deine naturgegebenen und Deine erworbenen Stärken in Erinnerung und überlege, wie Du diese weiterentwickeln und einsetzen kannst.

3. Identifiziere und eliminiere Deine persönlichen Energiefresser.

18

Für frischen Wind braucht es keinen Sturm

Hin und wieder haben wir das Gefühl, dass unser Dasein oder unsere Umgebung ein wenig eingefahren sind. Dann möchten wir uns mit Neuem umgeben, Angewohnheiten abwandeln oder Kleinigkeiten austauschen, ohne gleich alles umzukrempeln.

Manche zelebrieren diese kleinen Veränderungen regelmäßig und toben sich daheim zum Beispiel beim Dekorieren nach Jahreszeiten aus. Anderen von uns fallen Veränderungen auch in den eigenen vier Wänden schwerer, weil wir gerade die Konstanz und die Stabilität unserer »Höhle« lieben. Wie ist es bei Ihnen?

Wie auch immer wir in diesem Punkt ticken: Es tut uns gut, ab und an eine frische Brise um die Nase zu spüren. Dass es mal wieder an der Zeit ist, erkennen wir an einer gewissen Unruhe. Selbst wenn wir eigentlich alles erledigt haben, macht sich dann das Gefühl in uns breit, noch etwas tun zu wollen. Spätestens wenn wir uns dabei erwischen, unseren Blick durch die Wohnung schweifen zu lassen und in der Vorstellung bereits Dinge zu entfernen oder zu ersetzen, ist der richtige Moment gekommen, um sich ernsthaft Gedanken zu machen.

Lassen Sie sich in dieser Situation nicht dazu verführen, gleich loszulegen und alles auseinanderzurupfen! Dazu tendieren solche Ungeduldsbrocken wie ich es bin, und ich spreche aus Erfahrung: Auch mir ist es bereits passiert, dass ich dem »Hier muss was anders werden!«-Impuls sofort nachgegeben habe. Wenige Stunden später saß ich mehr oder weniger verzweifelt im größten Chaos, kam nicht mehr vor und nicht zurück und wünschte, ich hätte niemals angefangen. Glauben Sie mir: Die Ungeduld etwas zu zähmen und sich zunächst einen Plan zu machen, ist die bessere Alternative!

Sofern es Ihnen nicht darum geht, die ganze Bude vom Kopf auf die Füße zu stellen und Ihr Zuhause komplett neu zu erfinden, empfehle ich das Prinzip des »Minimum Input – Maximum Output«: Überlegen Sie, mit welchen einfachen Mitteln Sie Ihrem Raum ohne großen Aufwand einen neuen Look verleihen können. Nutzen Sie hierfür zum Beispiel die Macht von Textilien. Ob Vorhänge, Läufer, (Tisch-)Decken, Kissen, die Handtücher im Bad oder die Bettwäsche im Schlafzimmer: Diese können Sie im Handumdrehen austauschen und brauchen hierfür auch kein Vermögen hinzublättern.

Das Geheimnis ihrer Stärke liegt darin, dass sie ein verhältnismäßig großes Areal »bespielen«: Nach Wänden, Boden, Decke und Schrankfronten bilden Textilien sozusagen die größte zusammenhängende Fläche, auf die unser Blick fällt. Deshalb sind sie bestens dafür geeignet, das Flair eines Raumes zu bestimmen.

Ein wenig aufwändiger wird es, wenn Sie beschließen, Ihren Wänden einen neuen Anstrich zu verleihen. Aber auch in diesem Fall muss es nicht gleich der Rundumschlag sein: Manchmal reicht es völlig, sich lediglich eine Wand oder den Teil einer Wand vorzuknöpfen und diese farblich vom Rest abzusetzen. Sie können statt mit Farbe auch mit einer hübschen Tapete arbeiten. So genannte Vliestapeten sind für Veränderungen auf die Schnelle besonders gut geeignet: Sie benötigen, was den Kleber betrifft, keine Weichzeiten und sind noch dazu besonders formstabil und reißfest, sodass Sie die einzelnen Bahnen auch dann im Zaum halten können, wenn Sie sich allein an die Arbeit wagen.

Eine weitere Option ist die Verkleidung einer Wand oder eines Wandbereiches durch leicht anzubringende Paneele, die sich durch ihre plastische Struktur im wahrsten Sinne des Wortes »hervortun«. Diese gibt es nicht nur in Stein- oder Holzoptik, sondern auch in gepolsterter Form. Falls Sie sich also schon lange ein Bett mit weichem Betthaupt wünschen, aber die entsprechend kostspielige Anschaffung scheuen: Vielleicht lässt sich Ihr Wunsch auf diese Art realisieren!

Die teilweise Umgestaltung einer Wand hat noch einen weiteren Vorteil: Sie können hierdurch auf recht simple Art und Weise unterschiedliche Raumfunktionen oder Bereiche sichtbar voneinander abtrennen. Dies ist insbesondere dann sinnvoll, wenn Sie zum Beispiel Ihr Home-Office im Wohnbereich unterbringen müssen oder auch den Essbereich, Ihren persönlichen »Ruhepol« oder Ihre Leseecke optisch von den anderen Bereichen abheben möchten.

Schauen Sie auch darauf, ob es vorhandene Möbelstücke gibt, denen

Sie durch Kreativität neues Leben einhauchen können. Ob Sie das alte Beistelltischchen neu lackieren oder für den Vintage-Look lediglich anschleifen, ein Polstermöbel neu beziehen oder die Stühle am Esstisch mit Hussen einkleiden: Wenn Sie Altes überarbeiten und mithilfe Ihrer eigenen Fantasie neu interpretieren, gehen Sie nicht nur schonend mit Ressourcen und Ihrem Geldbeutel um, sondern besitzen hinterher auch ein Unikat, auf das Sie besonders stolz sein können.

Bezüglich der Umgestaltung von Schrankfronten ist es mit dem Prinzip des »Minimum Input – Maximum Output« nicht ganz so weit her: Falls Sie diese überarbeiten und optisch anpassen möchten, benötigen Sie schon etwas mehr Zeit und Hingabe. Die einfachste Variante ist das Bekleben der Fronten mit Möbelfolien. Für diese gibt es mittlerweile ganze Onlineshops, und ihre heutige Handhabung ist sehr viel leichter als noch vor einigen Jahren; nichtsdestotrotz erfordert dieser Vorgang ein wenig Präzision und Geduld. Prüfen Sie vorher, ob sich die Griffe der Schranktüren problemlos ab- und wieder anschrauben lassen – oder schauen Sie gleich nach neuen Griffen oder Knäufen!

Auch Fliesen in Bad oder Küche lassen sich auf diese Art und Weise anpassen; hier können Sie schöne Effekte erzielen, wenn Sie nicht alle, sondern nur einzelne Fliesen entsprechend verkleiden. Farbige Schubladenfolien verleihen in die Jahre gekommenen Kommoden von innen heraus Frische und helfen gleichzeitig beim Sortieren; rund um Herd und Ofen sind Spritzschutze in unterschiedlichsten Dekoren erhältlich. Ob aus Glas und auf Füßen stehend, sodass sie auch für Kochinseln in offenen Küchen angewandt werden können, zum Aufkleben oder zum Aufbringen auf Fliesen mit Hilfe von Saugnäpfen: Die Zeiten, in denen wir für sichtbare Effekte gleich zur Bohrmaschine greifen mussten, sind zum Glück vorbei.

Falls Ihnen gerade nicht danach ist, kreative Hand anzulegen, Sie sich aber dennoch nach Erneuerung sehnen: Machen Sie einen Spaziergang außerhalb der Stadt! Die Natur hält so viele Kleinigkeiten bereit, die uns die Lebendigkeit nach Hause holen lassen und uns nichts kosten außer genau hinzuschauen sowie uns zu bücken. Ob ein Feldblumenstrauß, ein paar hübsche Steine, dekorative Gräser, besonders individuell geformte Aststücke oder erdig duftendes Moos: Die Natur ist nicht nur eine Inspiration, die uns jederzeit zum Nulltarif zur Verfügung steht, sondern noch dazu reich an Geschenken, die wir mitnehmen dürfen, um uns daheim daran zu erfreuen.

Wenn Sie demnächst einkaufen gehen: Schauen Sie einfach mal in der Obstabteilung nach Wohnaccessoires! Früchte und Gemüse sind die besten Dekorationsgegenstände überhaupt: Sie sehen, in einer hübschen Schale drapiert, nicht nur gut aus und bringen Farbe ins Spiel, sondern verströmen auch noch einen angenehmen Duft und machen Appetit auf Frisches.

Zum Stichwort Duft: Für ein wohlriechendes Zuhause benötigen Sie weder Chemie noch ein Extrabudget. Ein paar Zimtstangen auf einem Teller, in Scheiben geschnittene Zitrusfrüchte, eine aufgeschlitzte Vanillestange oder loser Anis fungieren als natürliche Duftquellen! Sogar auf dem WC können wir auf Sprays verzichten, wenn wir uns an den guten alten Trick mit den Streichhölzern erinnern.

Falls Sie es in Sachen »Gerüche« intensiver mögen: Qualitativ hochwertige Räucherstäbchen kommen in der Regel ohne Synthetik aus. Achten Sie auf das Land der Herstellung: Indien exportiert weltweit am meisten dieser Produkte, weshalb die Qualitätsunterschiede immens sein können. Räucherstäbchen aus Nepal, Japan und Tibet sind überwiegend von hoher Qualität, während Massenware aus Bangladesch, Indonesien, Thailand oder China oft mit synthetischen Inhaltsstoffen belastet ist[9].

Auf das Leben übertragen, kann das Prinzip des »Minimum Input – Maximum Output« dabei helfen, mehr Zeit für die schönen Dinge des Lebens zu gewinnen: Zum Beispiel, indem wir bestimmte ungeliebte Aufgaben miteinander kombinieren und in einem Rutsch erledigen, wenn wir schon mal dabei sind. Indem wir uns Vorlagen erschaffen, die wir für bestimmte Prozesse immer wieder verwenden können. Oder indem wir Wege und Handgriffe miteinander verbinden, die sich laufend wiederholen und deren Rhythmus wir aneinander anpassen können, um mit einem (Vor-)Gang gleich mehrere Punkte abzuhaken.

Verwechseln Sie dies aber bitte nicht mit dem berühmten »Multitasking«, das die Fehlerquote steigern könnte: Besser ist es, bestimmte Abläufe neu aufzustellen, miteinander zu verknüpfen und so zu verinner-

---

[9] Quelle: https://utopia.de/ratgeber/raeucherstaebchen-empfehlenswerte-hersteller-und-worauf-du-achten-solltest/

lichen, dass wir es gar nicht mehr bemerken, wenn wir eigentlich zwei Aufgaben simultan erledigen. Simples Beispiel: Seit ich meine To-Do-Liste mit dem Einkaufszettel verknüpft habe, spare ich mir bei deren Aktualisierung gleich mehrere Schritte – dank der Druckerfunktion »nur Markiertes drucken« auch dann kein Problem, wenn ich mit der Shoppingliste in der Hand losdüsen, aber meine To-Do-Liste gar nicht dabeihaben will.

Lektion 18 auf der Coaching-Couch:

Fragen zum Wohnfühlen

1. Wie/wo kann ich in meinem Zuhause getreu des Mottos »Minimum Input – Maximum Output« die größten Effekte mit dem geringsten Aufwand erzielen?

2. Gibt es vorhandene Gegenstände oder Möbelstücke, denen ich mit Hilfe meiner eigenen Kreativität ein neues Leben verleihen kann?

3. Habe ich in der Natur nach Accessoires geschaut, die nachwachsen und für die ich nichts zu zahlen brauche?

Lektion 18 auf der Coaching-Couch:

Leitsätze fürs Leben

1. Versuche, wiederkehrende Abläufe und Handgriffe in Deinem Alltag zu vereinfachen und miteinander zu kombinieren.

2. Schaffe Dir Vorlagen, die Du für bestimmte Vorgänge immer wieder verwenden kannst und die Dir die Erledigung von Aufgaben erleichtern.

3. Die bewusste Wahrnehmung der Natur ist pure Inspiration, die Dir jederzeit zur Verfügung steht.

Nachwort

Verehrte Leserin, geschätzter Leser, liebe alle!

Herzlichen Glückwunsch: 18 gemeinsame Kapitel »Wohnfühl-Prinzip« liegen hinter uns. Ich bin jetzt ein wenig erschöpft und leergeschrieben, aber das habe ich mir genauso ausgesucht, und ich wünsche mir zu diesem Zeitpunkt nur eines: Dass Sie nach der Lektüre inspiriert und voller Zuversicht sind. Falls Sie sich vorstellen können, das »Wohnfühl-Prinzip« dauerhaft in Ihr Leben zu lassen, freue ich mich unbändig!

Vielleicht haben Sie bereits konkrete Pläne, um Ihr Zuhause umzugestalten. Vielleicht möchten Sie sich im nächsten Schritt auch auf die innere Einkehr konzentrieren oder darauf, in aller Ruhe Ihre »Haben-Liste« zu schreiben. So oder so: Ich bedanke mich von Herzen, dass Sie diese Reise durch unser inneres Zuhause und sein äußeres Abbild mit mir gemeinsam bereitwillig angetreten haben. Ich hoffe sehr, dass Sie etwas daraus mitnehmen können!

Auf den folgenden Seiten finden Sie ein paar hilfreiche Hinweise zum Nachschlagen, sowohl für das Innen als auch für das Außen: »Wittlerins Wegweiser« führt in leicht abgewandelter Form und Reihenfolge noch einmal meine persönlichen Losungen für ein selbstbestimmtes Leben auf. Nicht alle werden auch zu Ihnen gehören: Manche davon haben Sie vielleicht »von Haus aus« bereits verinnerlicht, dass Sie sich nicht weiter damit beschäftigen möchten; andere wiederum könnten Sie auf Ihre »offenen Baustellen« hinweisen. Die Auflistung kann Ihnen gleichsam als Inspiration dienen, wenn Sie sich zur Einkehr an Ihren Ruhepol zurückziehen.

Sollte sich in Ihnen der Wunsch nach persönlichem Austausch regen, zum Beispiel, weil es Ihnen schwerfällt, Ihre Themen zu identifizieren; weil Sie beim Übertragen der Grundsätze auf Ihre individuelle Situation ins Schlingern geraten und nicht genau wissen, wie Sie sie umsetzen können; weil Ihnen die Motivation oder einfach eine außenstehende Gesprächspartnerin fehlten: Besuchen Sie mich gern im wundersamen Wendland zu einer »Wegweiser«-Sitzung! Falls Sie wissen möchten, wie so eine Sitzung abläuft, hören Sie einfach beim »Wegweiser«-Podcast vorbei. Diesen finden Sie auf meiner Website tinewittler.de oder überall, wo's (gute) Podcasts gibt.

Dort treffen Sie übrigens nicht nur mich, sondern weitere alte Bekannte: Auch die Entertainerin Olivia Jones, der Musiker Jan Plewka (»Selig«), die Schauspielerin Katrin Ingendoh (»Rote Rosen«) sowie der Bühnenkünstler und Moderator Ralph Morgenstern (»Kaffeeklatsch«, »Blond am Freitag«) haben aufschlussreiche »Wegweiser«-Gespräche mit mir geführt. Danke dafür!

Des Weiteren finden Sie auf den folgenden Seiten eine Zusammenfassung meiner hilfreichsten Tipps zur Wohnraumgestaltung sowie die Checkliste zu meinem »Wohn-ABC«. Während es bei den erstgenannten Tipps hauptsächlich um das Einrichten und Dekorieren geht, können Sie die Checkliste auch bei größeren Bau- oder Renovierungsvorhaben anwenden: Hier werden Sie Punkt für Punkt durch die allerwichtigsten Fragen geführt, die Sie zu den richtigen Entscheidungen führen und bei der durchdachten Umsetzung unterstützen können.

Ich wünsche Ihnen dabei viel Spaß und Erfolg! Vergessen Sie bei allem Eifer aber bitte nie: Die Auseinandersetzung mit dem Thema »Wohnkosmetik« ist ein absolutes Privileg. Man könnte auch sagen: Es handelt sich hierbei um ein Luxusproblem, das einem Großteil der Weltbevölkerung verwehrt bleibt. Nehmen Sie das Ganze also nicht zu ernst!

In einem Punkt dürfen Sie meiner Meinung nach aber sehr gern Ehrgeiz entwickeln, und zwar dann, wenn es um die Gastfreundschaft geht. Selbstbestimmt zu leben, bedeutet nicht, nur an uns zu denken: Es bedeutet auch, möglichst viel Zeit mit jenen Menschen verbringen zu dürfen, die uns am Herzen liegen, und für diese da zu sein. Das, was unser Leben am Ende ausmacht, sind die Beziehungen, die wir zu anderen führen. Solange Sie Ihre Gäste liebevoll empfangen, wird es diesen nichts ausmachen, wenn Ihre Bude alles andere als durchgestylt ist. Und sie werden auch nicht die Nase darüber rümpfen, dass Ihrem Traumsofa ganz da hinten, wo es nicht durchs Treppenhaus passte, ein klitzekleines Stückchen fehlt.

Sollten Sie eines Tages bei mir zu Gast sein: Ich freue mich darauf!

Herzlich,

Wittlerins Wegweiser

20 Losungen für ein selbstbestimmtes Leben

1. Verbanne Neid, Habsucht und Gier aus Deiner Gedankenwelt und aus Deinen Handlungen.

2. Halte Widersprüche aus.

3. Lass Dich bewusst inspirieren und reduziere reine Berieselung.

4. Mache die Selbstreflexion und die innere Einkehr zu einer festen Angewohnheit.

5. Widme Dich dem, was Du liebst, regelmäßig mit Hingabe. Knüpfe die Freiheit, Dich Deinen Leidenschaften widmen zu dürfen, nicht an Bedingungen.

6. Gestatte Dir Genuss. Feier die Feste, wie sie fallen, und gestehe dies auch allen anderen zu.

7. Lerne das »gönnen können«, indem Du Dir selbst Gutes schenkst und Dich darüber freust, wenn andere dies für sich ebenfalls tun.

8. Bleib offen und lass Dich ein.

9. Sei großzügig mit Dir selbst und den anderen.

10. Lass das Unperfekte zu.

11. Achte auf ausreichend Schlaf, Nahrung, frische Luft und Bewegung.

12. Versuche dem Positiven mehr Raum zuzugestehen als dem Negativen.

13. Leiste im Rahmen Deiner Möglichkeiten einen Beitrag für andere.

14. Halte Deinen inneren Kritiker in Schach.

15. Sei Dir dessen bewusst, dass der wichtigste Teil Deines Lebens aus den Beziehungen zu anderen besteht.

16. Lerne, loslassen zu können und den Dingen ihre Zeit zu geben.

17. Glaube an Deine innere Stärke und an Deine Schaffenskraft.

18. Sei damit einverstanden, dass Du nicht immer allem auf den Grund gehen musst, und dass es Dinge gibt, die sich Deinem Verständnis entziehen.

19. Sei Dir dessen bewusst, dass jede Sekunde, die vergeht, nicht mehr zurückkommt, und schau nach vorn.

20. Gehe mit Deiner Zeit sorgfältig um.

Tines Tipps

für Deinen »Einsatz in 4 Wänden«

✓ Gut geplant ist halb renoviert.

✓ Nur wer sich trennen kann, gewinnt Luft & Raum.

✓ Trends sind schön & gut – aber unterm Strich wohnst Du!

✓ Bei Elektrik & Sanitär ist der Fachmann ein Muss.

✓ FORM FOLLOWS FUNCTION – der wichtigste Satz von allen.

✓ Beim Farbenkauf auf Qualität achten. Hier lohnt es sich!

✓ Ein maßstabsgetreues Millimeterpapier-Puzzle hilft beim »Möbelrücken«.

✓ Schubladen einplanen.

✓ Wer »Gebrauchsdeko« einsetzt, spart Platz in den Schränken!

✓ Dein Ruhepol hilft Dir dabei, Kraft zu schöpfen.

✓ Bei Neuanschaffungen auf Flexibilität, Mobilität & Mehrwert achten.

Tines Tipps

für Deinen »Einsatz in 4 Wänden«

- ✓ Lieber viele kleine Lichtquellen als wenige große.
- ✓ Gönne Dir und Deinen Mitbewohnern eine »Klöterstation«!
- ✓ Persönliches in Szene zu setzen gehört dazu.
- ✓ Aber: Bei der direkten Inszenierung bitte nicht übertreiben.
- ✓ In kleinen Räumen mit einer Grundfarbe in Schattierungen arbeiten statt mit starken Kontrasten.
- ✓ Textilien verleihen im Handumdrehen einen neuen Look.
- ✓ Verwende die Salamitaktik, um die richtige Wahl zu treffen.
- ✓ Wiederholungen in Form, Farbe, Material und Stilelementen anstreben.
- ✓ Letztendlich entscheidet immer der eigene Geschmack – hab' Spaß daran, ihn zu finden!

Tines Wohn-ABC & Checkliste

A wie »Anfangen«:

O Lagerungsmöglichkeiten / Lagerplan erstellt?
O Entsorgung / Sperrmüll organisiert?
O Alltagsbedarf griffbereit gesichert?
O Pack- & Transportmaterial?

B wie »Bestandsaufnahme«:

O Was behalte ich, was gebe ich weg?
O Was kann ich aufarbeiten?
O Was schaffe ich neu an?
O Was bringe ich woanders unter?

C wie »Charakterstudie«:

O Welche Funktionen soll der Raum erfüllen?
O Welchen Stil will ich etablieren?
O Welcher Ordnungstyp bin ich?
O Was passt zum Rest der Wohnung?

D wie »Delegieren & kalkulieren«:

O Wobei werde ich Hilfe brauchen?
O Wie hoch ist mein Budget?
O Ist die erforderliche Manpower verfügbar?
O Wie viel Zeit habe ich (eingeplant)?

E wie »ergonomisch planen«

O Habe ich die Laufwege berücksichtigt?
O Gibt es neue Anforderungen?
O Ist alles Notwendige gut erreichbar?
O FORM FOLLOWS FUNCTION

F wie »kleine Farblehre«

O RAL- oder Kollektionsfarbe?
O »kalt« oder »warm«?
O Dispersions- oder Latexfarbe?
O pastellig oder kräftig?

G wie »mit dem Grundriss spielen«

O Varianten durchgespielt?
O Steckdosenplätze verzeichnet?
O Türanschläge & Fußleisten berücksichtigt?
O Vorsprünge & Nischen beachtet?

H wie »Hingucker festlegen, Bereiche definieren«

O Die »automatische« Blickrichtung genutzt?
O »Hingucker« installiert?
O Funktionsbereiche definiert?
O optische Abgrenzungen etabliert?

I wie »in die Höhe denken«

O Nutzung in gesamter Raumhöhe möglich?
O Platz auf Schränken berücksichtigt?
O Decke hell gehalten?
O Hängemöglichkeiten überdacht?

J wie »JA zu Gebrauchsgegenständen als Deko«!

O Dekotaugliche Gebrauchsgegenstände eingesetzt?
O Gaben der Natur in Betracht gezogen?
O Das Vorhandene bestmöglich genutzt?
O Accessoires mit Funktion bevorzugt?

K wie »Kunst versus Kommerz«

O (Kleine) Kunstwerke etabliert?
O Sind die Kunstwerke gut platziert?
O Stehhübschs & Staubfänger reduziert?
O Kann ich eigene Werke integrieren?

L wie »Licht und Lampen«

O Stimmt die Grundatmosphäre?
O Sind viele kleine Lichtquellen statt weniger großer etabliert?
O Ist punktgenaues Arbeitslicht vorhanden?
O Habe ich Dimmschalter verbaut? Möchte ich Farbspiele installieren?

M wie »Möbel aufwerten und umgestalten«

O Welches Möbelstück kommt in Frage?
O Wie viel Arbeit will ich investieren?
O Sind alle Materialien & Hilfsmittel vorhanden?
O Arbeitsschritte definiert?

N wie »Neuanschaffungen mit Mehrwert«

O Ist das Möbelstück mobil/flexibel?
O Erfüllt das Stück eine Zusatzfunktion?
O Kann ich das Stück auch auf Balkon oder Terrasse nutzen?
O Passt das Stück zum Vorhandenen?

O wie »Organisation des Alltäglichen«

O Habe ich feste Plätze für Alltägliches?
O Habe ich eine »Klöter-Schublade«?
O Ist mein »Drehpunkt« funktional?
O Habe ich »kleine Helfer« installiert?

P wie »Persönliches in Szene setzen«

O Wen/was möchte ich in Szene setzen?
O Welchen Platz wähle ich dafür?
O Will ich direkt oder indirekt inszenieren?
O Selbst basteln oder ordern?

Q wie »Quadratmeter: So wirken Räume größer!«

O Gibt es im Raum einen Spiegel?
O Kann die Tür ausgehängt werden?
O Habe ich einen Grundfarbton statt starker Kontraste verwendet?
O Habe ich geschlossenen Stauraum statt offener Regale bevorzugt?

R wie »Rumpelecken adé«!

O Ist mein Kleinkram ausreichend sortiert?
O Habe ich Schubladen den Vorzug gegeben?
O Kann ich zusätzlichen Stauraum schaffen?
O Habe ich den vorhandenen Platz optimal ausgenutzt?

S wie »Stoffe & Textilien«

O schneller Austausch für neuen Look möglich?
O Pflegeerfordernisse berücksichtigt?
O Strapazierfähigkeit des Materials bedacht?
O Möche ich Muster verwenden oder lieber Ruhepunkten in uni den Vorzug geben?

T wie »kleine Tapetenkunde«

O Tapete, Wandtattoo oder Paneele?
O Welche Tapetenart ist die geeignete?
O Untergrund vorbereitet / geeignet?
O großflächig oder als Akzent?

U wie »Unschön: So bitte nicht!«

Ø klobige Möbel in kleinen Räumen – drückt!
Ø zu kurze Vorhänge – staucht optisch!
Ø schlecht gemachte Wischtechnik – vorbei!
Ø sammeln ohne Sinn & Verstand – nervt!

V wie »Vorsicht Falle!«

O zeitlicher / finanzieller Puffer?
O »Dispo« für Notfälle?
O Erste-Hilfe-Ausstattung am Start?
O Werkzeuge überprüft?

W wie »Wiederholungen erwünscht!«

O Wiederholungen via Farbe?
O Wiederholungen via Formsprache?
O Wiederholungen via Material?
O Wiederholungen via Muster?

Z wie »endlich Zuhause!«

O Schritt für Schritt vorgehen
O Checkliste immer mal wieder prüfen
O Pausen einplanen
O Erledigtes abhaken

… und vor allem:

O … den Spaß an der Sache nicht verlieren
und die Vorfreude pflegen!

Viel Erfolg beim eigenen
»Einsatz in 4 Wänden«!

Danksagung

Vielen Dank an …

… Sylvia Galle, dass ich ihre »Sofa-Geschichte« erzählen durfte

… Jörg Riewenherm für die Unterstützung bei der Entwicklung des »Wegweiser-Prinzips« sowie bei der Produktion des »Wegweiser«-Podcasts

… meine Gesprächspartner im Podcast »Wittlerins Wegweiser«: Ralph Morgenstern, Olivia Jones, Jan Plewka & Katrin Ingendoh

… das ganze Team des Antheum-Verlages / MAIN Verlag, insbesondere Wolfram Alster

… Imke Nemetschek, Carina Zander & Katharina, Dr. Marcus Riedel, Sven Schüler, Niels Nowak sowie meine Familie für die Motivation und liebevolle Zugewandtheit

Tine Wittler & Wolfram Alster (Hrsg.)
WORTARCHITEKTEN
– ein SLAMbuch
... für Satzbauer, Textmonteure & Sprachfetischisten (m/w/d)

ISBN: 978-3-96937-054-4

Zum 35. Geburtstag der Kunst- & Veranstaltungsform »Poetry Slam« präsentieren die Herausgeber Tine Wittler (Mitbegründerin & Gastgeberin des »WORTARCHITEKTEN« Poetry Slams Hamburg) und Verleger Wolfram Alster einen Slam in Buchform! Getreu des Regelwerks der »Wortarchitekten« werden Silben, Worte und Satzfragmente mal fachmännisch, mal schwachsinnig durcheinandergeschüttelt, neu miteinander verwoben und zu hintersinnigen, humorigen oder dadaistischen kleinen Kunstwerken.
Die »FIXEN 5« – dieser Herausforderung stellen sich u. a. »Schriftstehler« Armin Sengbusch, Silbenspezialist Arne Poeck, die Herausgeber daselbst – plus viele wunderbare Gastautoren.

Astrid Keim
Was Sie schon immer über die Gastronomie wissen wollten
Ein Blick hinter die Kulissen

ISBN: 978-3-95949-506-6

Immer weniger Restaurantbesucher können die Qualität einer Küche überhaupt noch einschätzen, denn inzwischen haben Fertigprodukte die Küchen und leider auch die Gaumen erobert. Dagegen hilft nur Wissen, und hier ist es: serviert in drei Gängen, die es in sich haben.
Im ersten erzählt Astrid Keim von ihrem eigenen gewundenen Pfad in die Gastronomie. Im zweiten bietet sie wertvolle Tipps, Insider-Informationen und Warnungen! für jene, die sich als Gastronom selbstständig machen wollen. Der Hauptgang schließlich führt tief in die Welt gastronomischer Geheimnisse, blickt hinter die Kulissen guter und weniger guter Restaurants, verrät Küchen-Interna, die dem Gast sonst verborgen blieben.
Verfeinert mit einem guten Schuss Ironie, wird die Information zum kulinarischen Lesevergnügen. Am Ende weiß man Bescheid und isst besser.

Ein Buch für Köche, die noch kochen, für Gäste, die noch essen können, und für Fettaugen, die auf einer Consommé nichts zu suchen haben.

Susanne Konrad
kreativ und mutig
Der Weg zum eigenen Buch trotz psychischer Belastungen

ISBN: 978-3-95949-548-6

Wollten Sie schon immer Bücher schreiben, aber man hat Ihnen geraten, einen »soliden« Beruf zu ergreifen? Oder man hat Ihnen gesagt, dass Ihr Talent nicht ausreicht, und damit Ihr Selbstbewusstsein geschwächt?
Vielleicht haben Sie das Schreiben auch erst spät für sich entdeckt – eine persönliche Offenbarung, doch zu Ende bringen und veröffentlichen konnten Sie Ihre Werke noch nicht?
Der Weg zum eigenen Buch kann gerade bei psychischen Belastungen steinig werden. Hier bietet der Blick von innen eine Chance für neue Perspektiven und hilft, Erfahrungen mit dem Schreiben und Veröffentlichen besser einordnen zu können.
Die Autorin Susanne Konrad motiviert in diesem Schreibratgeber Menschen mit psychischen Belastungen und gibt ihnen das nötige Hintergrundwissen an die Hand, damit der Schritt aus der Ecke der Minderheitenliteratur erfolgreich gelingt.

Dana Herrlich
Rückenfit
4-Wochen-Programm

ISBN: 978-3-95949-572-1

Rückenfit: Rückenfitness und Rückengesundheit für Sie!
Dieses Buch ist ein Wegbegleiter voller Impulse und praktikablen Vorschlägen, die sich gut in den Alltag einbauen lassen. Hier finden Sie eine Inspiration für mehr Lebensqualität mit Tipps und Tricks, wie Sie sich besser individuell bewegen. Um diese Individualität geht es. Was trifft auf mich zu? Was passt zu mir? Mit kurzen Kapiteln ohne medizinischen Fachjargon steht am Ende eines im Vordergrund: neue Lebensfreude für Sie.